地方自治ジャーナルブックレ

―市民・自治体職員のための基本テキスト―
地方政府と政策法務

加藤良重　著

公人の友社

はしがき

　自治体は、国から自立した地方政府であり、地域における中核的な政策主体として、地域における政策を自主的・総合的に実施する役割をひろく担っている。そこで、自治体は、地域でくらす人たちの必要にもとづき、地域の特性をいかした政策を実現するために、自治体計画を策定・推進し、条例・規則を制定・実施し、予算を編成・執行している。このうち、条例・規則は、自治体に政策実施の権限をあたえるとともに、法規範として最終的に強制力をもっているので、政策を実現するための強力な手段である。ここから、自治体政策を実現する手段として、法を積極的に活用しようとする機運もたかまり、その戦略として政策法務の考え方が定着し、実践されるようになってきた。

　政策法務は、自治立法、自治解釈運用、争訟および国法改正までもふくむ内容をもっているが、自治体現場で中心となるのは、自治権の中核をなす自治立法と法の解釈運用である。ところで、自治立法と国法の解釈運用とは、密接な関連をもっている。立法に関する知識・技術は、より正確な法の解釈運用に役立つし、法の解釈運用の知識・技術は、より適切な立法をうながしてくれる。筆者は、かつて基礎自治体の職員として、条例・規則の制定と審査にたずさわった経験をもち、定年退職後には研修機関や大学の非常勤講師として、自治体政策と法務・財務に関する講義を担当してきている。また、自治体職員を中心とした自治体政策に関する自主研究グループの活動にも長い間、参加している。これらの経験・実践から実におおくのことを学んできた。

　本書は、2004年に東京都市町村職員研修所編で発刊された「自治立法の基礎」および「政策法務の基礎」が諸般の事情から発刊することができなくなったので、ここに装いを新たにして、内容を全面的に書きかえて出版することになったものである。なお、本書では、理解しやすいよ

はしがき

うに具体例や例示をあげることを心がけた。また、本文では、漢字が硬い感じをあたえ、「ひらがな」が軟らかさを感じさせるので、極力、法文でつかわれている漢字もひらがなにしている。

　本書が、自治立法に関心をもつ人たちにいささかなりとも役たてば幸いである。

　最後に、今回の出版でも公人の友社社長武内英晴さんのお奨めとお骨折りによって出版の運びとなった。ただ感謝するだけである。

目　次

はしがき

I　自治体と法　　7
1　自治体の位置 ･･･ 7
（1）自立した地方政府　（2）政府の存在根拠　（3）政府の役割
2　法の機能 ･･ 12
（1）法の意義　（2）法の類型　（3）法にもとづく行政　（4）政策法務

II　法の分類　　15
1　国内法 ･･･ 15
（1）自治体法　（2）国法　（3）国内法の補完手段　（4）国内法の効力
2　国際法 ･･･ 28
（1）国際法の意義　（2）条約の締結手続　（3）条約と条例

III　自治体政策　　30
1　政策の意義 ･･ 30
2　政策の構造 ･･ 32
3　自治体政策の体系 ･････････････････････････････････････ 33
（1）総合計画　（2）課題別計画
4　自治体計画と法務・財務 ･･････････････････････････････････ 35

IV　法の解釈・運用　　36
1　法解釈の意義 ･･･････････････････････････････････････ 36
2　法の自治解釈 ･･･････････････････････････････････････ 37
（1）法解釈の方法　（2）自治解釈の基準

目次

V　条例制定権　　40

1　条例の制定範囲 …………………………………………………… 40
　　（1）自治体の事務であること　（2）法律の範囲内であること
2　必要的条例事項 …………………………………………………… 44
　　（1）義務権利規制　（2）分担金・使用料等　（3）事務処理の特例
　　（4）その他
3　条例の実効性担保手段 …………………………………………… 45
　　（1）行政刑罰　（2）過料　（3）公表　（4）代執行

VI　条例の制定手続　　49

1　条例案の作成・決定 ……………………………………………… 49
　　（1）通常の制定過程　（2）制定過程への市民参加
2　条例案の議会提出 ………………………………………………… 50
　　（1）議員の条例案提出　（2）委員会の条例案提出　（3）長の条例案提出
　　（4）市民の条例制定改廃請求　（5）予算を伴う条例案
3　条例案の審議・議決 ……………………………………………… 52
　　（1）審議・議決手続　（2）再議（長の拒否権）　（3）長の専決処分
4　議決結果の送付 …………………………………………………… 56
5　条例の公布・施行 ………………………………………………… 56
　　（1）条例の公布　（2）条例の施行
6　条例制定改の協議・報告 ………………………………………… 57
　　（1）協議・報告　（2）協議　（3）報告

目次

Ⅶ　条例の立案　58

1　条例立案の方式 ………………………………………………… 58
　（1）条例の基本形式　（2）条例の規定事項
2　条例案の作成 …………………………………………………… 64
　（1）資料・情報の収集　（2）立法目的の確定　（3）立法事実の明確化
　（4）要綱の作成　（5）条文化　（6）解説書の作成
3　条例の表現 ……………………………………………………… 68
　（1）基本的態度　（2）文体　（3）用字　（4）用語

Ⅷ　自治体争訟法務　74

1　自治体争訟とは ………………………………………………… 74
2　自治体争訟への対応 …………………………………………… 75
　（1）対応の基本　（2）指定代理人制度の活用

巻末資料　78

資料1　地方自治法の改正（2000年4月1日施行）……………… 78
資料2　基礎自治体の区分 ………………………………………… 79
資料3　主な自治体関係政策法 …………………………………… 80
資料4　徳島市公安条例事件判決要旨（最高裁昭和50年9月10日
　　　　大法廷判決）……………………………………………… 81

I 自治体と法

1 自治体の位置

(1) 自立した地方政府

　自治体は、地域における総合的かつ中核的な政策主体として市民福祉の増進をはかるために、地域における政策を自主的・総合的に実施する役割をひろく担っている。そのため、自治体は、国から自立した政府として、地域の特性をいかした政策をみずから選択・立案・決定し、実施する責任を負っている（自己選択・自己決定・自己責任）。

　ところで、政府とは、一般には行政権を行使する国の機関である行政府（内閣）をさしてよんでいるが、よりひろい意味では立法権および行政権を行使する機関（立法府および行政府）をそなえた組織のことである（最広義では、司法権を行使する機関である司法府もふくむ）。自治体は、日本国憲法第94条により自治権すなわち自治立法権および自治行政権を保障され、その権限を行使する代表機関である議会および長をそなえている。したがって、自治体は、れっきとした地域の政府である。国は中央政府、自治体は地方政府として、両者は、独立・対等の関係のもとにおかれ、必要におうじて協力しあうことになる。

　ところが、2000年分権改革（※1）前の機関委任事務体制下にあっては、自治体の長は、国の統治機関の一部にすぎず、しかも主務大臣（省庁）の下部機関とされていたが、2000年分権改革により機関委任事務制度が廃止され、自治体は、法的にも国から自立した地方政府の地位を獲得した。また、自治体は法人とされ、独立の権利・義務の主体としての人格が認められてきている（地方自治法（以下「自治法」という）第2条第1項）。

Ⅰ　自治体と法

　地方政府としての自治体（法律的には「地方公共団体」）には、基礎自治体（市町村および東京 23 特別区。※ 2）と広域自治体（都道府県）とがある。

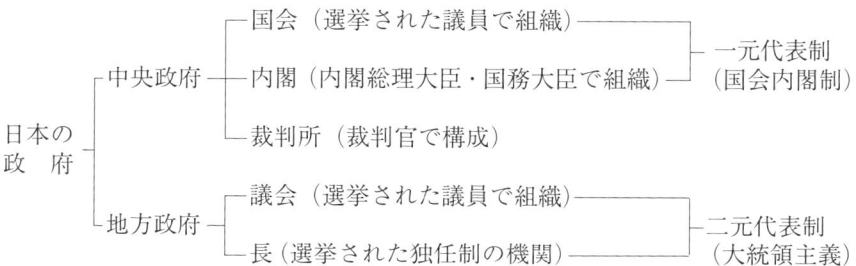

※ 1　2000 年分権改革
　2000 年分権改革とは、2000 年 4 月 1 日施行の「地方分権の推進を図るための関係法律の整備等に関する法律」（地方分権一括法）による機関委任事務の廃止を中心とした改革をさす。この改革によって、主務大臣などの包括的な指揮監督権や知事の取消・停止権が廃止され、職務執行命令・代執行については関与型へ再編され、新たな事務区分である法定受託事務について条例制定権および議会調査権の行使が可能になった。
　機関委任事務体制下の自治体の長は、主務大臣との間で上下・主従関係におかれて、その包括的な指揮監督などをうけていた（巻末資料 1 参照）。また、機関委任事務については、自治体の事務でなかったので、条例制定権および議会の調査権を行使することができなかった。機関委任事務は、国の行政権が属する内閣の所管する「行政」の一部であったといえる。

＜機関委任事務体制下の自治体の長の位置＞

国　家　┬─立法権・立法・立法府・国会
統治権　├─行政権・行政・行政府・内閣（主務大臣→都道府県知事→市区町村長）
　　　　└─司法権・司法・司法府・裁判所

8

※2　基礎自治体の区分

　基礎自治体は、村、町、市および特別区に区分され、さらに、市は、市（一般市）、指定都市（大都市）、中核市および特例市に区分される（巻末資料2参照）。指定都市、中核市および特例市は、いずれも政令で指定され、事務配分や国の行政関与などに特例が設けられている。特別区は、特別地方公共団体であるが、基礎的自治体として、特別区の存在する区域を通じて東京都が一体的に処理するものを除き、一般的に市町村が処理する事務を処理する。東京都は、特別区の存在する区域の水道・下水道・消防の事務を処理し、また法人住民税や固定資産税は都税として賦課徴収して東京都と特別区および特別区間の調整財源としている（都区財政調整制度）。

(2)　政府の存在根拠

　自治体・国は、それぞれの政府課題を解決するために存在しているが、その起点は、あくまでも主権者である市民にある。すなわち、主権者である市民は、選挙と納税によって、その地域内における政治・行政（※3）をおこなう権限（自治権）を市民の代表機関（議会および長）により組織される地方政府に信託している。主権者である市民は、「選挙」によって地域の代表機関をつくり、その代表機関をとおして政治・行政をおこなう財源として「税金」を納めているのである。国政については、日本国憲法前文に「そもそも国政は、国民の厳粛な信託によるものであって、その権威は国民に由来し、その権力は国民の代表者がこれを行使し、その福利は国民がこれを享受する。」と規定している。自治体の基本法・最高規範として制定される自治基本条例おいても、議会および長の地位は市民の「信託」にもとづくことが明文化されるようになっている。もっとも、市民は、信託行為によって、自治権の行使を政府に白紙委任しているのではない。自治体レベルでは、議会や長の活動がいちじるしく市民の信託に反するものであれば、議会解散や議員・長の解職請求をおこなうことができる。

Ⅰ　自治体と法

　このようにして、市民は、基礎自治体、広域自治体および国の各レベルの政府に政治・行政をおこなう権限を同時に信託しているのである（「複数政府信託論」）。

　なお、本書の「市民」は、主権者という意味で、市区町村民、都道府県民および国民をふくめている。

<政府信託の関係>

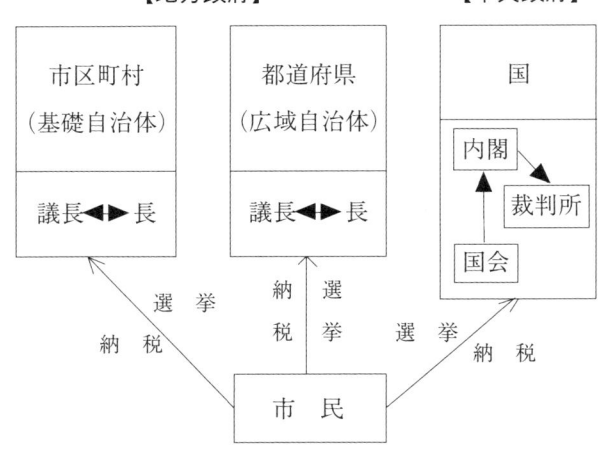

【地方政府】　　　　　　　　【中央政府】

市区町村	都道府県	国
（基礎自治体）	（広域自治体）	内閣→裁判所／国会
議長⇔長	議長⇔長	

　　　　選挙　　納税　選挙　　選挙　納税
　　　　納税　　　　　　　　　

　　　　　　　　　市　民

※３　政治と行政
　政治は、主として政策課題の提起、政策の決定および政策実施の監視・制御をおこなうことであり、行政は、主として政策を企画・立案し、決定された政策を実施することである。前者は、主に選挙によって選ばれた代表機関によって担われ、後者は主に行政機関の長およびその補助機関である職員機構によって担われる。

(3) 政府の役割

市民がかかえている生活課題については、次のような考え方にもとづいて解決にあたることが基本となる（補完性の原則（principle of subsidiarity））。

① 私領域
個人・家族で解決できる課題については、市民個人・家族が解決にあたる。
② 市民領域
市民個人・家族で解決できない課題については、できる限り市民相互の協力により解決する。
③ 政府領域
①・②で対応困難な課題については、政府としての自治体や国が解決にあたる。

政府領域では、第一義的に基礎自治体が解決にあたり、広域的・専門的な課題については広域自治体が解決にあたって、そこでも解決困難な全国規模の課題については国が解決にあたることになる（巻末資料1参照）。さらに、国際化社会では一国で解決できない国際的な課題には、国際機関が解決にあたることになる。

<補完の関係>

個人 → 市民互助 → 基礎自治体 → 広域自治体 → 国 → 国際機関

Ⅰ　自治体と法

2　法の機能

(1)　法の意義

　法は、人びとが社会生活を営んでいくためのルールで、社会規範の一つである。社会規範は、人びとが社会生活において守るべき決まりごとで、法のほかに慣習、道徳、宗教などがある。このうち、法は、国や自治体の公式の機関によって制定され、最終的には権力を背景にした罰則や強制執行などによる強制力をもっている点で他の社会規範と異なる。

(2)　法の類型

　法は、その構造面からみて基本法、政策法および一般法に類型化することができる。
　基本法は、政府の組織法としての憲法および基本条例であり、政策法は、政策に関する法で、主として「行政法」が対象とする分野に属する法である。政策法は、政策に関する基準・準則を定め、この法に定められた基準・準則にもとづいて、政府が政策を立案し、執行することが「行政」の意味である。一般法は、市民相互の関係を規律する法（民法・刑法など）である。

(3)　法にもとづく行政

　自治体・国の行政は、法にもとづき、法にしたがっておこなわれなければならない（「法治主義」・「法の支配の原理」。※4）。ここでいう法には、国において制定される法（国法）だけでなく、自治体において制定される法（自治体法）もふくまれる。

行政における重要な法原理として、「法律による行政の原理」および「法律の留保」（※5）がある。「法律による行政の原理」は、市民の権利義務に関する重要な定めとしての法規（※6）を創造できるのは「法律」のみであり（法律の法規創造力）、「法律の留保」は、市民の権利義務にかかわる重要な行政は民主的な法律の根拠を要するものとすることである。だが、主権者である市民の代表機関（国会・議会）が制定する法には、国レベルの法律と自治体レベルの条例とがある。したがって、この「法律」には、条例もふくまれるものと解し、「条例による行政の原理」として「条例の法規創造力」および「条例の留保の原則」が認められなければならない。

※4　法の支配と法治主義
　法の支配とは、政治権力が「人の支配」ではなく、正しい法（基本的人権を保障する法）に服さなければならないとする原則で、英米法に起源をもつ。法治主義とは、行政が法律にしたがわなければならないとする原則で、大陸法に起源をもつ。その法律の内容の正当性までは要求しないとするものを「形式的法治主義」、法律の内容の正当性すなわち国民の権利自由の尊重を要するとするものを「実質的法治主義」といっている。したがって、法の支配と実質的法治主義とは、ほぼ同じ内容になる。

※5　法律の留保
　法律の留保とは、ある事項を行政としておこなうためには、法律の根拠を要するということである。法律の留保の原則については、個人の権利・自由の侵害にわたる場合に法律の根拠が必要であるとする侵害留保説、すべての行政活動に法律の根拠を要するとする全部留保説、行政の権力的な行為のすべてに法律の根拠を要するとする権力留保説、重要な事項は法律で定めるべきであるとする重要事項留保説などがある。法律の留保の範囲は、民主主義の原理からできる限りひろく解すべきであろう。

※6　法規
　法規は、法規範一般をさす場合や一般的・抽象的な意味での法規範をさす場合があるが、市民の権利義務に関する定めをさすことがおおい。

(4) 政策法務

　自治体は、政策を実現するために、行政すなわち政策の立案・執行の根拠となる国法の解釈・運用をおこない、また、自治体法を制定・実施する。法には、最終的に強制力をもたせることができるので、政策を実現するための強力な手段である。そうでなくても、法は、市民の代表機関を通じて制定された合意の結果であるから、もともと遵守されるべきものである。このような性質をもつ法を政策実現の重要な戦略手段とする考え方と実践が政策法務である。

　政策法務は、自治立法権を活用する自治立法法務、国法の自治的な解釈運用法務、自治体を一方当事者とする争訟法務および国法の制定改廃をうながす国法改革法務の４つの内容をもっている。このうち、自治体現場の日常では、自治立法法務および自治解釈運用法務がおおきな比重をしめている。

Ⅱ　法の分類

　法は、国内法と国際法に区分され、さらに、国内法は、自治体法と国法に区分できる。これらの法の仕組みを理解することが自治立法および自治解釈運用の前提となる。

<法の体系>

```
            ┌─ 国内法 ─┬─ 自治体法（条例・規則）
            │          │
法 ─────────┤          └─ 国法（憲法―法律―政令―府省令）
            │
            └─ 国際法（条約・国際慣習法）
```

1　国内法

(1)　自治体法

①　自治体法の意義

　自治体法とは、自治体の機関が制定する法形式のことで、条例および規則をさす。一般に、自主法とよんでいるが、自治体が制定する法であるから自治体法とよぶこととする。

　自治体は、自治権（※7）として、条例・規則を制定する権能（自治立法権）および行政をおこなう権能（自治行政権）をもっている。その法的根拠は、日本国憲法第94条の「地方公共団体は、その財産を管理し、事務を処理し、及び行政を執行する権能を有し、法律の範囲内で条例を

Ⅱ 法の分類

制定することができる。」との規定である。本条の「条例」には、議会の議決をへて制定される狭義の条例だけでなく、自治体の長が制定する規則、議会の会議規則・傍聴規則および委員会規則をふくむものと解されている（広義（実質的意味）の条例）。そして、自治権の理論的根拠は、「そもそも国政は、国民の厳粛な信託によるもの」と日本国憲法前文にあるように、市民の信託に求められる（信託説）。すなわち、自治権は、主権者である市民によって地方政府に信託されたものであると考えなければならない。

<自治体法の体系>

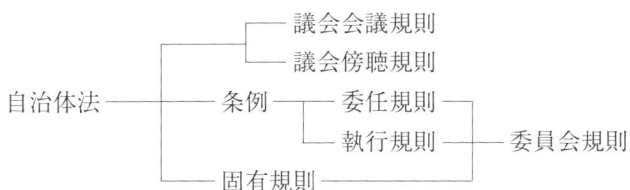

※7　自治権の理論的根拠

　自治権の根拠については、国の統治権の一部を分与されたもので国の認める範囲内においてだけ行使できるとする伝来説、自治体がもともと保有している固有の権利で国もこれを侵すことができないとする固有権説、憲法が制度的に保障したもので法律によっても地方自治の本質的内容を侵すことはできないとする制度的保障説などがとなえられてきている。政府信託論にもとづき、本文のように考えるべきであろう。

② <u>自治体法の種類</u>

ア　条例

　条例は、自治体が当該自治体議会の議決をへて制定する法形式である（狭義（形式的意味）の条例）。「条例」は、通常、この意味でつかわれている。自治体は、法令に違反しない限りにおいて、自治事務および法定受託事務に関し、条例を制定することができる（自治法第14条第1項）。

自治体は、以下で述べるように、基本条例を装備し、そのもとに課題別総合条例や個別条例の体系化をはかっていくべきである。

<条例の体系>
○自治基本条例―○課題別総合条例―○個別条例

a　自治基本条例

　　自治基本条例は、自治体運営の基本となる理念・原則・制度を定め、他の条例・規則の上位規範として自治体の最高規範に位置づけられ、いわば自治体の憲法ともいうべきものである。自治基本条例には、その規定事項を最大限に尊重しなければならないものとして、他の条例・規則に優位する位置づけもおこなわれている。自治基本条例は、自治体が自立した政府として政策を展開していくために、標準装備すべきものとなっている。

　　例⇒三鷹市自治基本条例、多治見市市政基本条例、四日市市市民自治基本条例（理念条例）など

b　課題別総合条例

　　課題別総合条例は、福祉・環境・まちづくりなどの重要かつ多分野にかかわりをもつ課題領域を包括する条例である。課題別総合条例は、課題領域の政策を体系化するとともに、個別条例に指針や方向づけをあたえる。

　　例⇒栗山町議会基本条例、三鷹市保健福祉総合条例、真鶴町まちづくり条例、滋賀県環境基本条例など

c　個別条例

　　個別条例は、個別施策に対応した条例で、基本条例や課題別総合条例にもとづいて制定する場合もある。

　　例⇒小金井市介護福祉条例、川崎市子どもの権利に関する条例、忍野村まるごと庭園条例、安全で快適な千代田区の生活環境の整備に関する条例、武蔵野市つきまとい勧誘行為の防止及び路上宣伝行為等の適正化に関する条例など

Ⅱ 法の分類

イ 規則
　a 長制定規則
　　　自治体の長は、法令に違反しない限りにおいて、その権限に属する事務に関し、規則を制定することができる（固有規則・自治法第15条）。また、条例により委任された事項や条例の執行に関する事項について規則（委任規則・執行規則）を定める。
　　　固有規則の例⇒組織規則、庁議規則など
　　　委任・執行規則の例⇒○○条例施行規則など
　b 議会会議規則・議会傍聴規則
　　　自治体の議会は、議会の議事手続、請願、規律など会議の運営に関する一般的な手続に関し会議規則を設けなければならない（自治法第120条）。また、自治体の議会の議長は、傍聴人の制止、退場など会議の傍聴に関し必要な規則を設けなければならない（自治法第130条第3項）。
　c 委員会規則
　　　自治体の委員会は、法律の定めるところにより、法令または自治体の条例・規則に違反しない限りにおいて、その権限に属する事務に関し、規則その他の規程を定めることができる（自治法第138条の4第2項）。
　　　法律の定めとして、地方教育行政の組織及び運営に関する法律第14条、農業委員会等に関する法律第28条などがある。
　　　例⇒教育委員会会議規則、教育委員会事務局設置規則、農業委員会総会
　　　　会議規則など

(2) 国　法

　国法とは、国の機関が制定する法形式である。国法には、制定主体別にみて、日本国憲法、法律、両議院規則、最高裁判所規則、政令、府令・

省令、外局規則および会計検査院規則がある。この法形式の間には、制定主体および制定手続面から優劣の関係がある。

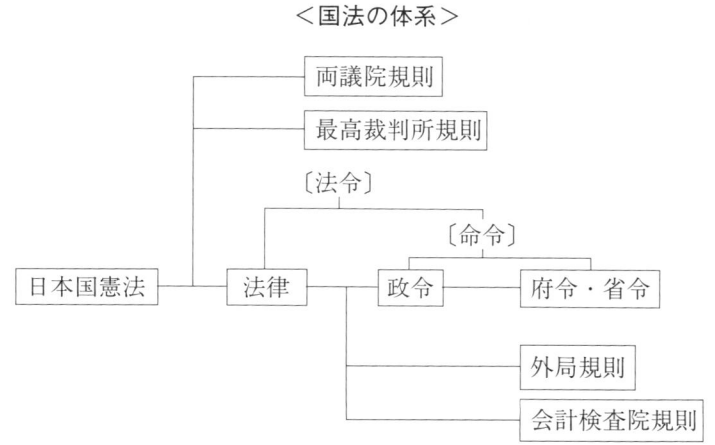

＜国法の体系＞

① 憲法

　憲法は、国の体制に関する基本的事項を定める法（基本法）、あるいは国の体制に関する根本的事項ないし基礎を定める法である（根本法・基礎法）。この意味における憲法を「固有の意味の憲法」とよび、憲法典という特別の形式・名称の成文法を「形式的意味の憲法」（※8）とよんでいる。この両方の意味をあわせもった憲法を「実質的意味の憲法」と総称している。日本国憲法（以下「憲法」という）は、実質的意味の憲法である。

　憲法は、日本国における最高法規であって、その条規に反する法律、命令などはその効力を有しない（憲法第98条第1項）。この憲法は、国会が各議院の総議員の3分の2以上の賛成で発議し、国民に提案し、その過半数の賛成による承認をへなければ改正することができない（憲法第96条第1項）。

Ⅱ　法の分類

※8　軟性憲法と硬性憲法
　通常の法律と同じ手続で改廃することのできる憲法を「軟性憲法」といい、通常の法律よりも厳格な改廃手続を必要とする憲法を「硬性憲法」という。日本国憲法は硬性憲法に属する。

② <u>法律</u>
　法律は、国民を代表する国会の議決をへて制定される法形式である（形式的意味の法律）。国会は、唯一の立法機関で（憲法第41条）、法律案は、両議院で可決したとき法律となる（憲法第59条第1項）。ただし、一つの自治体のみに適用される特別法（地方自治特別法）は、当該自治体住民の投票で過半数の同意をえなければ、国会はこれを制定することができない（憲法第95条）。
　法律案（※9）は、両議院議員および内閣が国会に提出することができる。議員が発議するには、衆議院においては議員20人以上（予算を伴う法律案では50人以上）、参議院においては議員10人以上（予算を伴う法律案では20人以上）の賛成を要する。内閣提出の法律案は、閣議の決定をへて、内閣総理大臣が内閣を代表して国会に提出する。
　国会で可決・成立した法律は、公布することによって国民がその内容を知りうる状態におき、施行によって法律の効力を現実に発生させる。公布は、官報（※10）に掲載することによりおこなわれる。法律は、公布の日から起算して20日を経過した日から施行されるが、法律でこれと異なる施行期日を定めたときは、その定めによる（法の適用に関する通則法第2条）。公布・施行の手続は、政令・府省令についても同様である。
　なお、法律には、「基本法」・「通則法」（※11）として制定されるものもある。
　法律の題名は、「○○法」や「○○に関する法律」で表示される。
　例⇒地方自治法、廃棄物の処理及び清掃に関する法律

Ⅱ　法の分類

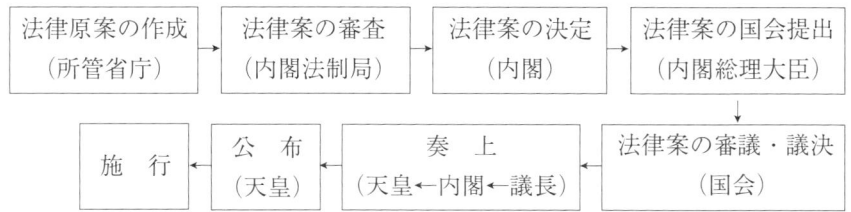

※9　法律案の区分
　法律案には、衆議院議員提出法律案（衆法）、参議院議員提出法律案（参法）および内閣提出法律案（閣法）の3つがある。
※10　官報（公報）
　官報は、国が発行する機関紙で、憲法改正、法律、政令、内閣府令、省令、条約などの公布や国の機関の告示、諸報告、資料などの掲載をしている。編集・発行業務は、独立行政法人国立印刷局がおこなっており、行政機関の休日を除いて毎日発行されている。
　自治体では、条例、規則の公布や告示などを掲載するために「公報」を機関紙として発行しているところがある。
※11　基本法・通則法
　基本法は、通常、題名に「基本法」の用語がつけられている法律をさしており、国政上の重要分野における制度・政策に関する基本理念・方針・枠組みなどを定めている（教育基本法、環境基本法、少子化社会対策基本法など）。制定改廃手続は、一般の法律と同じであるが同一分野の他の法律に優先するものとされている。通則法は、同一分野における共通的な基本事項を定めている法律をさしている（国税通則法、社会福祉法など）。

③　命令

　命令（※12）は、国の行政機関が発する法形式である。行政機関によって制定されることから行政立法ともいう。命令には、それを発する機関からみて、政令、内閣府令・省令、外局規則および独立機関規則がある。

Ⅱ　法の分類

また、憲法・法律との関係からみて、憲法・法律などの上位の法を執行するための執行命令と法律の委任にもとづく事項を定める委任命令とに分けられる。なお、法律から独立して発せられる独立命令（大日本帝国憲法第9条）は、現憲法のもとでは認められていない。

<命令（行政立法）>

名　称	内　　容	例
政　令	合議体である内閣が憲法・法律の規定を実施するために制定する法形式である。政令には、特にその法律の委任がある場合を除いては、罰則を設けることができず（憲法第73条第6号）、また、法律の委任がなければ、義務を課し、権利を制限する規定を設けることができない（内閣法第11条）。政令の題名は、通常、「○○法施行令」と表示される。	地方自治法施行令、廃棄物の処理及び清掃に関する法律施行令など
内閣府令省令	内閣府令は、内閣総理大臣が内閣府に係る主任の行政事務について、法律・政令を施行するため、または法律・政令の特別の委任にもとづいて、内閣府の命令として発する法形式である（内閣府設置法第7条第3項）。内閣府令には、法律の委任がなければ、罰則を設け、または義務を課し、国民の権利を制限する規定を設けることができない（同法同条第4項）。省令は、各省大臣が主任の行政事務について、法律・政令を施行するため、または法律・政令の特別の委任にもとづいて、それぞれの機関の命令として発する法形式である（国家行政組織法第12条第1項）。省令には、法律の委任がなければ、罰則を設け、または義務を課し、国民の権利を制限する規定を設けることができない（同法同条第3項）。内閣府令・省令の題名は、通常、「○○法施行規則」と表示される。	地方自治法施行規則、廃棄物の処理及び清掃に関する法律施行規則など
外局規則	各委員会・各庁の長官が発する法形式である。各委員会・各庁の長官は、別に法律に定めるところにより、政令・省令以外の規則その他の特別の命令をみずから発することができるが、法律の委任がなければ、罰則を設け、または義務を課し、権利を制限する規定を設けることができない（国家行政組織法第13条）。	公正取引委員会の審査に関する規則、交通安全推進センターに関する規則、公害紛争の処理手続等に関する規則など

※12　命令の種類
　法律上の命令には、国法の一形式（国の行政機関が制定）、行政行為（行政機関が特定の人・団体に対し義務として課す一定の作為・不作為の行為）、内部的行為（公務員の職務に関してくだす命令）および裁判の一形式（裁判所において裁判長等がおこなう訴訟手続上の付随的問題など解決のためになされるもの）がある。

> ─ 外局 ─
> 外局は、内閣府および省におかれ、特殊な業務や専門性の高い業務をおこなう国の行政機関で、委員会（公正取引委員会、国家公安委員会、中央労働委員会など）と庁（消防庁、国税庁、特許庁など）の2つに分けられる。

④　両議院規則
　両議院規則は、衆議院・参議院の両議院がおのおのその会議その他の手続および内部の規律に関して定める法形式である（憲法第58条第2項）。
　例⇒衆議院規則、参議院規則

⑤　最高裁判所規則
　最高裁判所規則は、最高裁判所が訴訟に関する手続、弁護士、裁判所の内部規律および司法事務処理に関する事項について定める法形式である（憲法第77条第1項）。
　例⇒民事訴訟規則、刑事訴訟規則、裁判所傍聴規則、普通公共団体に対する国の関与等に関する訴訟規則など

⑥　会計検査院規則
　会計検査院規則は、憲法上の機関である会計検査院が会計検査に必要な事項を定める法形式である（会計検査院法第38条）。なお、法律上の独立機関である人事院にも規則制定権が認められている（国家公務員法第16条第1項・第2項）。
　例⇒会計検査院審査規則、会計検査院事務総局定員規則など

Ⅱ　法の分類

> ― 法令・条例情報 ―
> 　法令は、総務省の「法令データ提供システム」によって検索できる。また、全国の主要な条例については、鹿児島大学法文学部法政策学科の「全国条例データベース」や条例Ｗｅｂ管理委員会の「条例Ｗｅｂ」などで検索できる。

(3) 国内法の補完手段

　法の個別具体的な内容を補充・補完する手段として、告示、訓令・通達、要綱などがある。

① 告示
　告示は、自治体・国の行政機関がある特定の事項を不特定多数の人に知らせる行為である。告示の内容は、事実、行政処分または法の内容を補充するものがある。このうち、法の内容を補充する告示は、その効力の発生を告示にかからしめ、告示そのものが法規の性質を有することになる場合がある。各省大臣・各委員会・各庁の長官は、その機関の所掌事務について、公示を必要とする場合においては、告示を発することができる（国家行政組織法第14条第1項）。なお、公示とは、一定の事項をひろく一般に周知させるために、一般の市民がこれを知ることのできる状態におくことをいう。
　自治体の行政機関の告示については、法定されていないが、同様の扱いがされている。告示の方法は、国の場合には官報に掲載することによることとされ、自治体の場合には公報への掲載または掲示場などに掲示する。
　　例⇒自治体：議会定例会の招集、市道路線の供用開始、地縁による団体の認可、放置自転車等の保管、指定金融機関の指定、政治団体の収支報告書の要旨など

国：常用漢字表（内閣告示）、町を市とする処分（総務省告示）、社会福祉主事の資格に関する科目の指定（厚労省告示）、学習指導要領（文科省告示）など

② 訓令・通達

　訓令は、上級行政機関が下級行政機関の権限行使を指揮するために発する命令で、職務運営上の基本的事項を内容としている。訓令は、「規程」の名称で発せられることがおおい。通達は、上級行政庁がその所掌事務について下級行政庁や所属職員に対して注意、指示などをおこなうことで、法令の解釈や運用方針など主として職務運営上の細目的事項を内容としている。通達では、内容に継続性のあるものや法令の施行にともなう取扱方針などのように拘束性を有するものを例規通達といっている。また、上級行政庁の補助機関が長の命をうけて、当該補助機関の名で発するものを依命通達という。なお、訓令・通達は、上司が部下である職員個人に対し発する職務命令とは区別される。

　訓令・通達は、行政組織の内部的規律であり、市民を対象とするものでないが、法令の解釈・運用をしめすことによって、事実上の拘束力をもつことがある。各省大臣・各委員会・各庁の長官は、その機関の所掌事務について、命令または示達するため、所管の諸機関・職員に対し、訓令または通達を発することができる（国家行政組織法第14条第2項）。示達は、行政上の指揮監督権の発動として所掌事務についておこなう注意、指示などの行為である。

　自治体の場合には、訓令・通達についての法律の明文規定がないが、自治体の長は、その指揮監督権（自治法第154条）にもとづいて、所管の機関・職員に対して訓令・通達を発することができるものと解されている。

　なお、各省大臣が発する訓令・通達は、それぞれの所管の諸機関・職員に対するものであり、機関委任事務の廃止にともない、中央省庁から自治体の機関に対する訓令・通達は存在しなくなった。ただし、国と自

治体の独立・対等の関係を前提にしたうえで、技術的助言、勧告などの国の関与と法定受託事務に関する処理基準を定めることが認められている。

　訓令の例⇒文書取扱規程、事務決裁規程、服務規程など

③　要綱

　要綱は、行政機関の内部規律を定めるものであって、一般市民に対しては法的拘束力をもたないが、要綱にもとづく行政（要綱行政）がひろく行われている。要綱は、実質的意義において訓令の一種であるといえる。

　重要な要綱として、規制的な行政指導をおこなう場合における事務処理の基準として定められる指導要綱がある。この要綱にもとづく行政指導は、法治行政に反するとの考え方もあるが、社会の秩序維持や紛争防止における現実にはたしている役割はおおきい。ただ、要綱は、法的拘束力をもたないので、要綱にもとづく行政指導は相手方の任意の同意のもとに慎重におこなわれるべきものである。要綱も、告示などの形式により公表されることがおおい。

　要綱の例⇒補助金交付要綱、審議会運営要綱など

(4)　国内法の効力

① 　形式的効力

ア　国法と自治体法との関係

　自治体は、「法律の範囲内」（憲法第94条）・「法令に違反しない限り」（自治法第14条第1項）において、条例を制定できる。だが、この法令自体が憲法に反したものであってはならない（憲法第98条第1項）。

イ　都道府県条例と市町村条例との関係

　都道府県条例と市町村条例とは、基本的には対等の関係にあるが、市町村は当該都道府県条例に違反して事務を処理してはならない（自治法第2条第16項）。

ウ 条例と規則との関係

　条例と規則は、所管を異にするが、両者が競合する場合には、制定手続からして条例が規則に優先する。

エ 同一レベルの法の関係

　同一レベルの法の間では、後法優先の原則および特別法優先の原則がはたらく。

原則名	内容
後法優先の原則	後から制定された法は、前に制定された法に優先して適用される（「後法は前法を破る」）。
特別法優先の原則	一般法は、特別法に矛盾抵触しない限りにおいて補充的に適用される。一般法とは、ある事項についてひろく一般的に規定する法をいい、特別法とは一般法と同じ事項について、特定の人・事柄・場所などを限定し、適用する法をいう。

② 実質的効力

　法の実質的な効力として、地域的効力、対人的効力および時間的効力がある。

区分	内容
地域的効力	国法は、原則として領土内においてのみ効力を有し、自治体法は、原則として当該自治体の区域内においてのみ効力を有する。
対人的効力	国法は、領土内であれば原則としてすべての人に適用され、自治体法は、当該自治体の区域内であれば、原則としてすべての人に対し適用される（属地主義）。
時間的効力	国法・自治体法は、ともに公布によって市民が知ることができる状態におき、施行によって実際に効力を発生する。

2　国際法

(1) 国際法の意義

　国際法は、国際社会を規律する法である。国際法には、国相互間の明示的な合意である条約および黙示的な合意である国際慣習法がある。条約は、「条約」の名称のほか、「憲章」・「協定」・「議定書」・「規約」・「取り決め」などの名称でよばれる。
　条約に関する国際法として「条約法に関するウィーン条約」がある。

(2) 条約の締結手続

　条約は、国相互間の交渉による合意や国際機関の会議（国連総会など）での採択により成立し、通常、署名（調印）をへて、批准すること（当事国が条約の内容を最終確認し、同意を表明すること）によって効力が発生し、批准書の交換・寄託により拘束力をもつようになる。そこで、締約国は、必要な国内法の制定改廃をおこなわなければならない。また、日本では、条約が公布されること（憲法第7条第1号）によって国内的効力を発生する。日本の条約締結権者は、内閣であるが、国会の承認が必要である（憲法第73条第3号）。日本国が締結した条約は、誠実に遵守することを必要とする（憲法第98条第2項）。
　　条約の例⇒児童の権利に関する条約、女子に対するあらゆる形態の差別の撤廃に関する条約、国際連合憲章、社会保障に関する日本国と大韓民国との間の協定、気候変動に関する国際連合枠組条約の京都議定書、市民的及び政治的権利に関する国際規約など

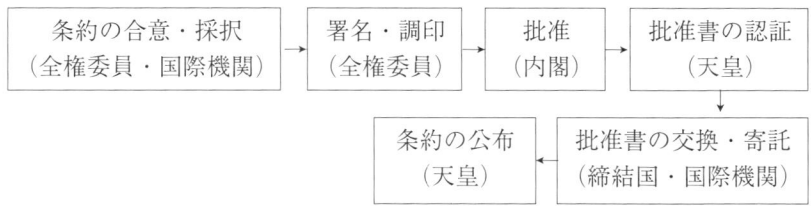

(3) 条約と条例

　条約は、政策の国際水準をしめす。そこで、自治体においては、国際化がすすむなかで、国とは別に、条約の趣旨・理念などをうけた独自の条例の制定も課題となる。
　　例⇒児童の権利に関する条約（子どもの権利条約）→子どもの権利条例
　　　　障害のある人の権利に関する条約（障害者権利条約）
　　　　　　　　　　　　　　　　　　　　　→障害者差別禁止条例など

III 自治体政策

1 政策の意義

　政策とは、端的にいえば、公共課題の解決策である。市民は、日常生活のなかで、病気、介護、保育、教育、ごみ処理などのさまざまな問題をかかえている。これらの問題のなかには、放置しておいても自然に解決するものもあるが、何らかの手立てを講じないと解決しないものもおおい。この解決を必要とする問題が「課題」（※13）である。ここでも補完性の原則が働く。まず、市民が直面する生活上の課題については、市民個人や家族で解決することを原則とする（個人課題）。だが、個人では解決の困難な課題については、社会的対応によって解決する必要がある（公共課題）。公共課題には、市民・ボランティアやＮＰＯなど非政府主体によって担われるもの（非政府課題）と地方・中央政府としての自治体・国によって担われるもの（政府課題）とがある。これにくわえて、最近では非政府主体と政府との協力・共同（協働）により担われるべき領域（新しい公共）も提起され、新たな取り組みもはじまっている。このような公共課題の解決策が政策（公共政策）であり、このうちの政府課題の解決策が政府政策で、自治体の課題領域における政策が自治体政策である。政策は、一般に、政府政策をさしている。

<公共課題と政策の関連>

Ⅲ　自治体政策

<課題領域と解決主体>

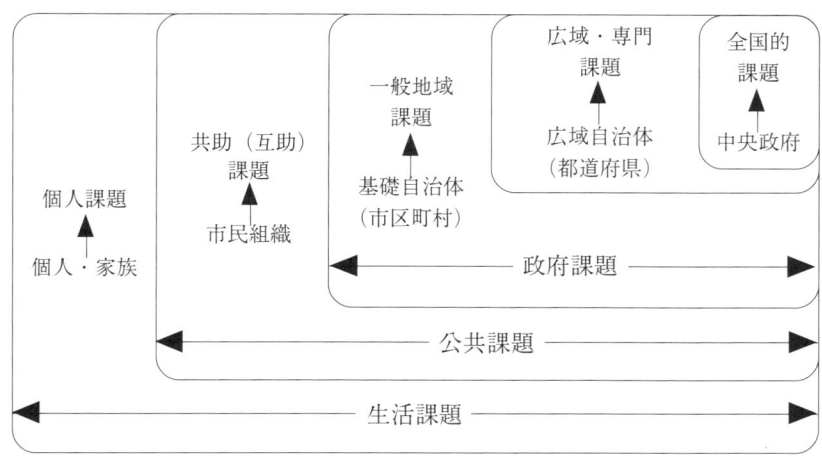

※13　問題と課題

　問題とは、現にある状態と本来あるべき状態の乖離（ギャップ）をいい、現に困っている状態または将来困るであろう状態をいう。問題のうち、解決を必要とするものを課題という。

31

Ⅲ　自治体政策

2　政策の構造

　政策は、公共課題を解決するための基本的な理念・方針、目標およびその達成手段の総体であり、重層的な構造をもっている。すなわち、政策は、公共課題を解決するための基本的な理念・方針とそれを実現するための基本目標を内容とする狭義の政策（Policy）、その基本目標を達成するための手段を体系化した施策（Program）および施策体系における個々の具体的な取り組みである事業（Project）の三層構造からなっている。この全体を広義の政策とよぶことができる。

　また、狭義の政策は、施策の目的となり、施策は、狭義の政策の手段となる。さらに、施策は、事業の目的となり、事業は、施策の手段となる。このように、政策全体が目的と手段とでピラミッド型に有機的に組みあわされた構造をもっている。

<政策の三層構造>

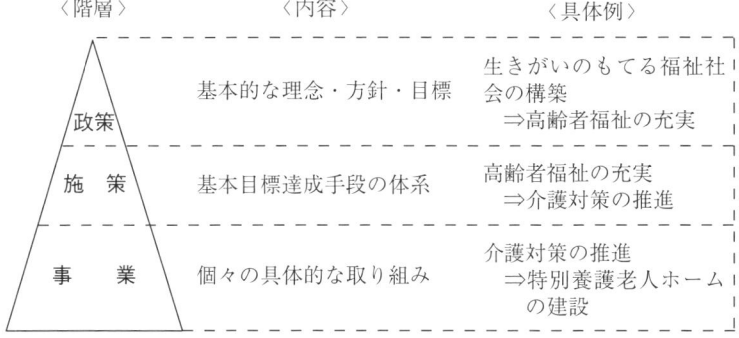

3　自治体政策の体系

　主要な自治体政策は、自治体計画に定められている。そのなかから自治立法によって実現することの適切なものが選択され、条例化される。また、自治体計画は、法解釈の基準ともなる。「政策なくして法務なし」であり、練りあげられた政策の存在が自治体法務の前提となる。自治体計画は、自治体の政策課題とその解決のための理念・方針・目標・事業群を定めている。自治体計画には、総合計画および課題別計画がある。

〈自治体計画の体系〉

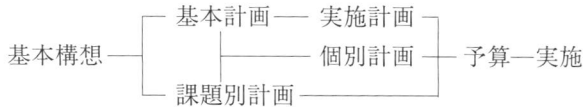

(1)　総合計画

　自治体の総合計画は、一般に、基本構想、基本計画および実施計画の三層計画とされ、基本構想と基本計画をあわせて長期総合計画とよんでいる。

① *基本構想*

　基本構想は、市町村が議会の議決をへて定めた当該地域における総合的・計画的な行政の運営をはかるための計画である（自治法第2条第4項）。基本構想には、自治体の将来像、それを実現するための基本的な方針、目標および施策の大綱などを定めて、自治体計画の根幹となるものである。他の自治体計画はこの基本構想にそくして策定される。計画期間は、おおむね10年程度である。

② 基本計画

　基本計画は、基本構想に定める目標および施策の大綱にそって行政分野ごとに個別事業群を定める。計画期間は、おおむね5年程度で基本構想の10年間の計画を前期および後期とする例がおおい。

③ 実施計画

　実施計画は、基本計画に定められた個別事業について、予算を見積もり、事業年度を割りふる。この実施計画にもとづいて毎年度の予算が編成される。計画期間は、おおむね3年程度で毎年度ローリングがおこなわれることがおおい。

(2) 課題別計画

　課題別計画は、長期総合計画だけでは十分に対応できない、まちづくり・福祉・環境など重要な政策課題の分野において策定される。
　例⇒都市計画マスタープラン、環境管理計画、老人保健福祉計画など

4　自治体計画と法務・財務

　自治体計画は、公共課題の解決策である政策を総合化・体系化したものであるが、自治体がいかに立派な計画書をつくったとしても、それだけでは「絵に描いた餅」である。政策は、具体的に実現されることによって意味をもち、市民にとって価値あるものとなる。自治体計画にかかげられた政策を実現するためには、権限と予算を必要とする。その権限を法的に裏づけるものとして法務があり、予算を裏づけるものとして財務がある。自治体は、自治体計画を軸とし、政策法務および政策財務を一体のものとして政策の展開をはかっていかなければならない。これを車に例えれば、自治体計画がハンドルで、政策法務および政策財務が車の両輪にあたり、市民・議会・長・職員がエンジンとなる。

〈自治体計画・政策法務・政策財務の関係〉

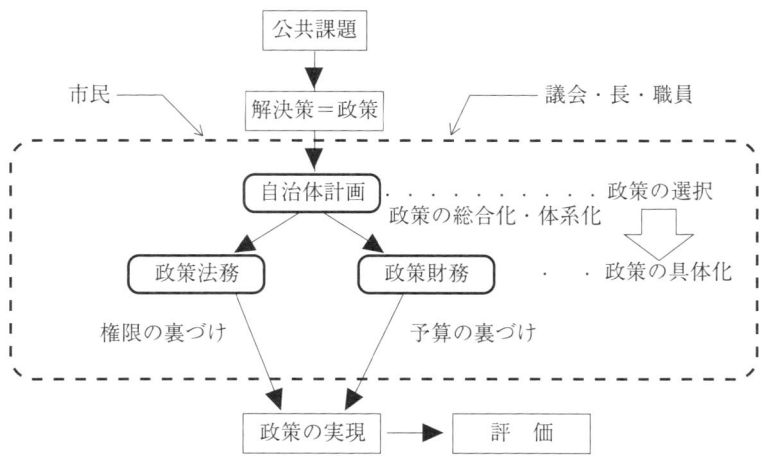

Ⅳ　法の解釈・運用

1　法解釈の意義

　日本では、成文法（文書としての形式をそなえた法）主義をとっていることから法解釈が必要となる。成文法は、その目的を実現するために必要とする事項についてさまざまな事態を想定して、言葉であらわされ、文章化される。したがって、法文（法の条文）の表現は、一般的・抽象的にならざるをえない。そこで、現実の個別的・具体的な事項に法を適用するためには、その前段作業として個々の条文の意味を明らかにする必要が生じる。

　このように、法を現実に適用する目的で、法文につかわれている言葉がどのような意味をもつのかを考えて、その具体的な意味内容を明らかにする作業が法解釈である。

2　法の自治解釈

　法解釈は、自治体法についてもおこなわれるが、国法の解釈が中心となる。自治体の国法解釈には、自治立法の前提として自治体法と国法との整合性をはかるためにおこなう場合と国法に直接もとづいて政策を実施するために当該法律についておこなう場合とがある。

　　　　　自治解釈 ─┬─ 自治立法の前提としての国法解釈
　　　　　　　　　　 └─ 国法の直接実施のための国法解釈

　自治体は、みずからの政策の根拠となる国法について、地域の必要にもとづき、地域の特性を生かせるように解釈し、運用することが必要となる。これが国法の自治解釈運用である。自治解釈でも、伝統的な解釈方法を活用するが、解釈の基準は自立した政府の立場に立脚したものでなければならない。

(1)　法解釈の方法

　法解釈は、具体的な事実に適用できるよう、文理解釈を基本として、論理解釈および目的論的解釈で補って合理的におこなう。
① *文理解釈*
　文理解釈は、法の言葉を通常つかわれている意味どおりに解釈することである。だが、これだけでは、法の真の意味をとらえきれない場合もおおい。そこで、次の論理解釈が必要になる。
② *論理解釈*
　論理解釈は、いろいろな論理をつかって文理解釈を補い、法文の意味を明らかにすることである。

<論理解釈の方法>

解釈名	方　法	例
拡張解釈	法文の言葉を通常つかわれる意味よりも広げて解釈する。拡大解釈ともいう。	憲法第94条の「条例」には、自治体の長等が制定する「規則」もふくまれる。
縮小解釈	法文の言葉を通常つかわれている意味よりも縮小して解釈する。	憲法第93条第2項の「地方公共団体」には特別地方公共団体である「区」がふくまれない。
類推解釈	ある事項について直接規定した法文がない場合に、他の類似した法文と同様に解釈する。	民法の不法行為による損害賠償の範囲について明文規定がないので、類似した債務不履行の損害賠償の範囲を定めた規定（第416条）と同様に解する。
反対解釈	明文規定のない事項について、当該法文の趣旨から除外して解釈する。	「未成年の子が婚姻をするには、父母の同意を得なければならない。」（民法第737条第1項）とあることから、成年の子が婚姻するときには父母の同意を必要としない。
勿論解釈	明文化されていないが、当該法文の趣旨からそのように解釈することが当然であるとする。	「…国権の発動たる戦争…武力の行使は、国際紛争を解決する手段としては、永久にこれを放棄する。」（憲法第9条第1項）と規定しているが、国際紛争もないのに武力を行使することは勿論のことできない。

③ *目的論的解釈*

　目的論的解釈は、立法目的にしたがって解釈することである。法には必ず一定の目的があるので、法解釈は目的論的解釈でなければならない。ほとんどの法律には、その第1条に目的規定が設けられており、当該法律の解釈に指針をあたえている。

(2) 自治解釈の基準

① 人権と平等

　憲法では、その基本原理をなす人権規定において、個人の尊重（第13条）、法の下の平等（第14条）および婚姻・財産・家族関係における個人の尊厳と両性の本質的平等（第24条）について定めている。また、民法第2条の「この法律は、個人の尊厳と両性の本質的平等を旨として、解釈しなければならない。」との規定は、民法の総則・基本原則が民事法にとどまらず法の一般原則としても機能しているので、すべての法解釈の基本となるものである。また、個人の尊厳と両性の平等の原理は、法解釈のみならず、立法における指導理念でもある。

② 地方自治の本旨と役割分担

　自治体に関する法令の規定は、地方自治の本旨にもとづき、かつ、自治体と国との適切な役割分担をふまえて、これを解釈・運用するようにしなければならない（自治法第2条第12項）。

③ 自治基本条例

　自治基本条例は、自治体レベルの基本法で最高法規に位置づけられているので、その条項は国法の解釈運用の指針ともなる。このことを基本条例自体のなかに確認的に規定していることもおおくなっている。

④ 自治体計画

　自治体は、総合的かつ計画的な政策を実施するために自治体計画を策定しているので、自治体計画も政策を展開する際の国法解釈の基準となる。

V　条例制定権

1　条例の制定範囲

　条例は、自治体の事務に関し、法令に違反しない限りにおいて制定することができる（自治法第14条第1項）。

(1)　自治体の事務であること

　自治体は、自治体の事務（「地域における事務」）に関し、条例を制定することができる。自治体の事務には、自治事務および法定受託事務がある。

　　なお、「法律又はこれに基づく政令により処理することとされる事務」（自治法第2条第2項）については、例外的なもので、本来、当該自治体の事務（地域における事務）とはいえない。例として、根室市が北方領土問題等の解決の促進のための特別措置に関する法律第11条にもとづき北方領土に本籍を有する者の戸籍事務を処理している。

<u>①　自治事務</u>
　自治事務は、自治体が本来はたすべき役割に係るものであって、自治体が処理する事務のうち法定受託事務以外のものをいう。
<u>②　法定受託事務</u>
　法定受託事務は、第1号法定受託事務（自治法第2条9項第1号）および第2号法定受託事務（自治法第2条9項第2号）に分けられる。

〈法定受託事務〉

区　分	内　　　容
第1号法定受託事務（自治法別表第1）	法律またはこれにもとづく政令により都道府県・市区町村が処理することとされる事務のうち、国が本来はたすべき役割に係るものであって、国においてその適正な処理を特に確保する必要があるものとして法律またはこれにもとづく政令に特に定めるものである。
第2号法定受託事務（自治法別表第2）	法律またはこれにもとづく政令により市区町村が処理することとされている事務のうち、都道府県が本来はたすべき役割に係るものであって、都道府県においてその適正な処理を特に確保する必要があるものとして法律またはこれにもとづく政令に特に定めるものである。

(2) 法律の範囲内であること

① 条例と法律との整合性

　憲法では「法律の範囲内で」（第94条）、自治法では「法令に違反しない限りにおいて」（第14条）条例を制定できるものとされている。だが、憲法は、国の最高法規であって、その条規に反する法律・命令は効力を有しないので（第98条第1項）、法律といえども「地方自治の本旨」（第92条）に反する内容のものを制定することはできない。「法律の範囲内」・「法律に違反しない」は、結局、法解釈の問題となり、自治解釈権が行使されるべきところである。ところが、2000年分権改革以降においては、機関委任事務体制下の通達に代わるような形で、政省令や告示によって自治体の事務処理の内容・方法などに関して細部にわたり定められるようになっている。いわゆる規律密度の高い法令（※14）として、法定受託事務のみならず、自治事務についても、法令による事務の義務づけや事務処理に関する細部規定が設けられていることがあるので、十分な検討を必要とする。

　条例と法律との矛盾抵触問題をめぐっては、最高裁判所のリーディン

Ⅴ　条例制定権

グケースとして、徳島市公安条例事件判決（最高裁昭和50年9月10日大法廷判決）がある（巻末資料4参照）。本判決の判旨は、現在でも条例と法律との整合性についての基本的な考え方となっており、次のように一般的な基準として整理できる。

A　条例で規制しようとする事項について、法律に規定がない場合
　　条例で規制しようとする当該事項について、いかなる規制も施さない趣旨であるときを除いて、当該事項に関する条例による規制は一般的に可能である。

B　条例で規制しようとする事項について、法律に規定がある場合
　(a)　条例と法律の目的が異なる場合
　　　条例の適用によって法律の規定の意図する目的と効果をなんら阻害することがない限り、法律と同一の対象・事項であっても、原則として条例により規制することができる。
　(b)　条例と法律の目的が同一である場合
　　　法律の規定が、必ずしも全国的に一律に同一内容の規制を施す趣旨ではなく、地方の実情におうじて別段の規制を施すことを容認する趣旨であると解されるときは法令違反の問題は生じない。

② _上乗せ条例と横だし条例_

　法律と条例との関係では、法律で定める基準を上まわる条例（「上乗せ条例」）と法律で定める対象以外の地域・事項を対象とする条例（「横だし条例」）の議論がある。これについては、法律に条例によって上乗せ・横だしを可能とする規定が設けられている場合は別として、法律に規定のない場合には上述の①の考え方にもとづいた法解釈の問題になる。

　　上乗せ・横だし規定の例⇒介護保険法第43条第3項（支給限度額の上乗せ）、同法第62条（市町村特別給付の横だし）、大気汚染防止法第4条(排出基準の上乗せ)、水質汚濁防止法第3条（排水基準の上乗せ）など

③ 上書き条例

　地方分権改革推進委員会の「中間的な取りまとめ」(2007年11月16日)で、「義務付け・枠付けの見直しと条例制定権の拡大」について、次のような「見直しの考え方」がしめされている。「地方自治体の自主性を強化し、政策や制度の問題を含めて自由度を拡大するためには、義務付け・枠付けを見直すことが必要である。このためには、義務付け・枠付けについて、廃止・縮減、全部・一部の条例委任、又は条例による補正の許容などの見直しをおこない、これらによって条例制定権の拡大をはかるべきである。このうち、条例による補正の許容は、地方自治体による法令の「上書き」を確保しようとするものである。」条例による法令の「書きかえ」も同様の考え方であるといえる。

※14　規律密度の高い法令

　2000年分権改革により国から自治体への通達はなくなっているが、規律密度の高い法令は、機関委任事務体制下の通達にとって代わる機能をはたしている。この規律密度の高い法令が、自治体の自治立法権・自治解釈権を制約している。国法は、全国的な制度の枠組みないし基準を定める大綱的なものとし、自治体政策の選択と実施方法などについては、できる限り自治体の裁量・判断に委ねるようにすべきである。規律密度の高い法令の一つとして、介護保険法令をあげることができる。介護保険に関する事務は自治事務でありながら、介護保険法の本則333か条、同法から政令委任49項目・省令委任52項目と政令から省令委任9項目となっている。また、同法にもとづく個別省令が19本、告示が82本にも及んでいる。

Ⅴ　条例制定権

2　必要的条例事項

　次の場合は、条例で定めなければならない。

(1)　義務権利規制

　市民に義務を課し、市民の権利を制限するには、法令に特別の定めがある場合を除くほか、条例によらなければならない（自治法第14条第2項）。

(2)　分担金・使用料等

　分担金、使用料、加入金および手数料に関する事項については、条例で定めなければならない。手数料については、全国的に統一して定めることが特に必要と認められるものについては、政令（地方公共団体の手数料の標準に関する政令）で定める金額の手数料を標準とする（自治法第228条第1項）。

(3)　事務処理の特例

　都道府県は、条例の定めるところにより、都道府県知事の権限に属する事務の一部を市町村が処理することとすることができる。市町村が処理することとされた事務は当該市町村の長が管理・執行する（自治法第252条の17の2）。
　例⇒知事の権限に属する事務処理の特例に関する条例

(4) その他

　市町村等の名称変更（自治法第3条）、自治体の事務所の位置（自治法第4条）などについては、条例で定めなければならない。

3　条例の実効性担保手段

　条例には、その実効性を担保する手段として、一定の行為（作為・不作為）の義務づけ・禁止・制限の規定に違反する者に対して制裁を科する旨の規定を設けることができる。

(1)　行政刑罰

①　行政刑罰の根拠

　行政刑罰は、行政上の義務違反に対して科される刑法に規定されている刑罰であり、原則として刑法総則が適用される（刑法第8条）。条例には、法令に特別の定めがあるものを除くほか、条例の違反者に対し、一定の刑罰を科する旨の規定を設けることができる（自治法第14条第2項）。なお、規則には行政刑罰を設けることができない。法令の特別の定めとして、条例で規定する罰則の種類・限度を定めている場合（消防法第9条の3、都市計画法第97条など）や法令で過料を科する旨の規定を設けている場合（介護保険法第214条など）などがある。行政刑罰と過料をあわせて行政罰という。

　憲法第31条は、何人も「法律」の定める手続によらなければ刑罰を科せられないと規定している（罪刑法定主義）が、条例は、議会の審議・議決という民主的な手続によって制定されるので、実質的な法律ないし法律に準ずるものといえる（条例（準）法律説）。

② 行政刑罰の種類

行政刑罰は、刑法に刑名のある刑罰である。刑罰の種類は、死刑、懲役、禁錮、罰金、拘留および科料が主刑で、没収が付加刑とされ、付加刑は主刑を言い渡す場合にこれに付加してのみ科することができる。条例には、その一定範囲のものを科する旨の規定を設けることができる。

〈刑罰の種類・内容と条例の規定範囲〉

種類	内容	条例の規定範囲
死刑	刑事施設（※15）内で絞首して執行	規定できない。
懲役	刑事施設に拘置して所定の作業に従事。無期および有期（1月以上20年以下）	2年以下の有期懲役
禁錮	刑事施設に拘置。無期および有期（1月以上20年未満）	2年以下の有期禁錮
罰金	1万円以上の金額を納付	100万円以下の罰金
拘留	刑事施設に拘置（1日以上30日未満）	同内容
科料	1千円以上1万円未満の金額を納付	同内容
没収	没収の対象物⇒○犯罪行為を組成した物 ○犯罪行為に供し、供しようとした物 ○犯罪行為により生じ・得た物、犯罪行為の報酬として得た物およびその物の対価として得た物	同内容

※15 刑事施設

刑事施設とは、懲役・禁錮・拘留の刑の執行のため、または死刑の言渡しをうけて拘置されている者および刑事訴訟法の規定により勾留（被告人・被疑者の身柄の拘束）されている者を収容し、必要な処遇をおこなう施設で（刑事収容施設及び被収容者等の処遇に関する法律第3条）、具体的には、刑務所、少年刑務所および拘置所の3つの施設をいう。

③　刑罰の適用

　行政刑罰は、裁判所が刑事訴訟法の定めにしたがって科する。そこで、条例に行政刑罰の規定を設ける場合には、事前に各都道府県におかれている地方検察庁と事実上の協議をしておくことが必要である。

(2)　過　料

①　過料の意味

　過料は、条例または規則の違反者に対して科せられる制裁としての金銭罰である（秩序罰としての過料）。一種の行政処分である。自治体は、条例または規則のなかに条例または規則に違反した者に対して5万円以下の過料（※16）を科する旨の規定を設けることができる（自治法第14条第3項・15条第2項）。

②　過料の処分手続

　自治体の長は、過料の処分をしようとする場合において、処分をうける者に対して、あらかじめその旨を告知するとともに、弁明の機会（※17）を与えなければならない。過料の処分に不服がある者は、市町村長がした処分については都道府県知事、都道府県知事がした処分については総務大臣に審査請求をすることができる。この場合に異議申立てをすることもできる（自治法第255条の3）。

　自治体の長は、過料を納期限までに納付しない者に対し、期限を指定して督促し、指定された期限までにその納付すべき金額を納付しないときは地方税の滞納処分の例により処分することができる（自治法第231条の3）。

V　条例制定権

※16　過料の種類
　過料には、秩序罰としての過料（法上の秩序を維持するために法違反者に制裁として科せられるもの）、執行罰としての過料（行政上の義務、特に不作為義務についての強制執行の手段として科せられるもの）および懲戒罰としての過料（公法上の懲戒の手段として科せられるもの）の3つがある。

※17　弁明の機会の付与
　弁明の機会の付与とは、不利益処分をおこなう前提として、その処分をうける者に対し、自己弁護や反論の機会を与えることである。適正手続の要請からおこなわれるもので、行政手続法や自治体の行政手続条例に一般的な規定が設けられている。なお、許認可の取消、名宛人の資格の剥奪などの処分では、弁明よりも手厚い反論防御として聴聞の手続がとられる。弁明・聴聞とも意見陳述手続としておこなわれる。

(3)　公　表

　公表とは、一定の事項をひろく不特定多数の者が知りうる状態におくことをいう。

　制裁として行われる公表は、条例の違反者の氏名や違反の内容などを公表するものである。この場合の手続は、最初に是正の勧告などの行政指導をおこない、次に是正の命令をだして、さらに弁明の機会を付与したうえで公表をおこなうことになる。公表は、公報への掲載や掲示場への掲示によっておこなわれる。

(4)　代執行

　代執行は、行政代執行法に定める行政上の強制執行手段の一つで、代替的作為義務（他人が代わってすることのできる事務）に怠りがある場合に、行政庁が代わってするか、第三者にさせてその費用を義務者から徴収する手続である。例として、「あき地の管理の適正化に関する条例」（いわゆる草刈条例）の規定にもとづく代執行がある。

Ⅵ　条例の制定手続

　条例は、条例案の作成から公布・施行まで一連の手続をへて制定される。

〈条例の制定手続〉

条例案の作成・決定（長・議員・市民）→ 条例案の議会提出（長・議員）→ 条例案の審議・議決（議会）→ 議決結果送付（長←議長）→ 公布（長）→ 施行

1　条例案の作成・決定

(1)　通常の制定過程

　条例案の作成は、通常、まず所管課（原課）において原案を作成し、次にその原案をもとに関係部課と調整をはかったうえで、例規担当課の審査をうけて、成案となるという過程をたどる。

(2)　制定過程への市民参加

　市民の権利・義務にかかわりをもつ重要な政策の条例化にあたっては、市民参加がはかられなければならない。

Ⅵ　条例の制定手続

① 策定委員会

　策定委員会は、市民の視点から条例要綱案または条例案の原案を作成し、自治体の長に提出する。自治体の長の部局は、この原案をもとに自治体組織内部の手続をへて条例要綱案または条例案を作成する。なお、策定委員会は、関係団体・機関の代表者、専門家および一般公募の市民などによって構成される。

② パブリックコメント

　自治体の長は、議会提出前に条例要綱案または条例案を公表して、郵送や電子メールで市民の意見を募り、これをふまえて条例要綱案または条例案に修正をくわえて、最終的な条例案を作成する。

2　条例案の議会提出

　条例案を議会に提出する権限すなわち条例の発案権は、議会の議員・委員会および自治体の長にある。

(1)　議員の条例案提出

　自治体の議会の議員は、議員定数の12分の1以上の者の賛成によって議会に議案として条例案を提出することができる。条例案の提出は、文書によってしなければならない（自治法第112条）。

　次にあげる条例の発案権は、議員に専属する。

Ａ．常任委員会等の設置条例（自治法第109条第1項等）
Ｂ．議会事務局設置条例（自治法第138条第2項）
Ｃ．議会事務局職員定数条例（自治法第138条第6項）

(2) 委員会の条例案提出

常任委員会は、その部門に属する当該自治体の事務に関するものにつき、議会に議案として条例案を提出することができる（自治法第109条第7項）。

議会運営委員会および特別委員会についても、それぞれの所管事項について議案として条例案を提出することができる（自治法第109条の2第5項、第110条第5項）。

(3) 長の条例案提出

自治体の長は、議会に議案として条例案を提出することができる（自治法第149条第1号）。

次にあげる条例の発案権は、長に専属する。
A．支所・出張所・支庁・地方事務所の設置条例（自治法第155条第1項）
B．行政機関の設置条例（自治法第156条第1項）
C．内部組織の設置条例（自治法第158条第1項）

(4) 市民の条例制定改廃請求

自治体の有権者は、その総数の50分の1以上の者の連署をもって、その代表者から、自治体の長に対し、条例（地方税の賦課徴収、分担金・使用料・手数料の徴収に関するものを除く）の制定・改廃の請求ができる（自治法第74条第1項）。この請求があったときは、長は、直ちに請求の趣旨を公表し、請求を受理した日から20日以内に議会を招集し、意見をつけて、議会に付議し、その結果を請求の代表者に通知するとともに、公表しなければならない（自治法第74条第2項・第3項）。

(5) 予算を伴う条例案

　長は、条例その他議会の議決を要すべき案件があらたに予算を伴うこととなるものであるときは、必要な予算上の措置が的確に講ぜられる見込みがえられるまでの間は、議会に提出してはならない（自治法第222条第1項）。

3　条例案の審議・議決

(1)　審議・議決手続

　議会に提出された条例案は、本会議・委員会（※18）において審議・審査がおこなわれ、議決される。

<議会の審議・議決手続>

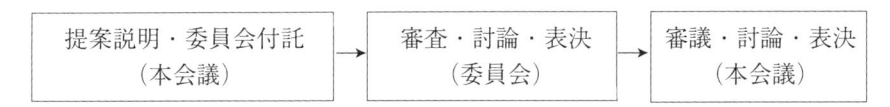

提案説明・委員会付託 （本会議）	→	審査・討論・表決 （委員会）	→	審議・討論・表決 （本会議）

①　本会議での提案説明・委員会付託

　議会の本会議において、最初に提案者から条例案の提案説明をうけ、質疑および資料要求をおこなった後に議会の所管の委員会に付託する。常任委員会は、所管部門の議案などの審査権を有するので（自治法第109条第3項）、あらためて付託の議決を要しないが、特別委員会は議会の議決により付議された事件を審査するので（自治法第110条第4項）、付託の議決をおこなう。付託とは、議会が議案などを議決する前に、予備的・事前的な審査手続として委員会の審査に付すことをいう。なお、質疑は、議会の議決により省略することがある。

② 委員会での審査・討論・表決

　付託先の委員会において、提案者から細部の提案説明および資料説明をうけ、質疑と賛否の討論をおこなったうえで、表決がおこなわれる。
　質疑は、現に議題となっている議案などに対する疑義をただすことをいい、自治体の事務一般に関しておこなわれる質問とは区別される。討論は、議題に対する賛成または反対の意見を述べることで、表決は、議員の議題に対する賛成または反対の意思表示である（表決は議長側からみて「採決」）。表決（採決）の方法には、投票による表決（採決）、起立・挙手による表決（採決）および簡易表決（採決。※19）がある。表決（採決）の結果が議決であり、議決の態様には可決、否決、修正可決、継続審査などがある。なお、提案説明は、議決で省略することがある。

※18　本会議と委員会
　議会には、「本会議」と「委員会」がある。本会議は、議員全員で構成されるが、委員会は、議員の一部をもって構成される。委員会は、議会の審議事項の調査・審議の能率化・専門化をはかるために設けられている。委員会には、常任委員会（部門ごとの自治体の事務に関する調査や議案などの審査をおこなうために常設）、議会運営委員会（議会の運営について調査・審査することを主目的に常設）および特別委員会（議会の議決により付議された特定の事項を審査するために設置）がある。委員会は、議会の自主的な活動を推進するために条例で設置される。

※19　簡易表決（採決）
　反対のないことが予想される場合に用いられる方法で、議長が異議の有無を諮り、異議のないことを確認する（「異議がありませんか」「異議なし」など）。

③ 本会議の審議・討論・表決

　再度、本会議を開いて、委員会における質疑、討論および表決の結果についての委員長の報告がおこなわれ、それに対する質疑がおこなわれる。委員長の報告に対する質疑が行われた後、討論と表決がおこなわれ

る。表決は、特別の定めがある場合を除くほか、出席議員の過半数でこれを決し（多数決の原則）、可否同数のときは、議長の決するところによる（議長の裁決権・自治法第116条）。特別の定めがある場合（特別多数議決）として、自治体の事務所の位置設定・変更条例（自治法第4条第3項）などがある。

> **附帯決議**
> 議会は条例案の議決にあたって、附帯決議という形で、条例の運用などに意見・要望などをつけることがある。この場合には、施行規則を定める場合や条例の実際の運用にあたって、その内容をふまえることが必要である。

④ 議会への市民参加

市民には、議会への参加の機会として、請願・陳情、公聴会・参考人制度や間接的であるが条例の制定改廃請求権が認められている。重要な条例の制定にあたっては、これらの制度を積極的に活用すべきであるが、さらに、市民参加のための議会独自の取り組みがあっていい。また、市民は、傍聴によって議会活動を監視する必要がある。

(2) 再議（長の拒否権）

再議は、自治体の議会と長との間において、特定の事項につき意見の衝突があったとき、自治体の長の請求により、議会があらためて審議をしなおすことである。

① 条例の制定改廃の議決に関し異議がある場合（一般的拒否権）

自治体の長は、条例の制定改廃の議決に関し異議がある場合にはその送付をうけた日から10日以内に理由をしめして、これを再議に付することができる（自治法第176条第1項）。否決されたものについては、効力または執行上の問題が生じないので再議の対象にならない。議決の効力の発生または執行に異議・支障がある場合に再議に付すことができること

になる。

　再議の結果、出席議員の3分の2以上の者の同意をえて、再議に付された議決と同じ議決がなされたときは、その議決は、確定する（自治法第176条第2項・第3項）。

<u>②　議決が権限をこえ、または違法である場合（特別的拒否権）</u>

　自治体の長は、条例の制定改廃の議決がその権限をこえ、または法令・会議規則に違反すると認めるときは、理由をしめして、再議に付さなければならない（自治法第176条第4項）。再議の結果、なおその権限をこえ、または法令・会議規則に違反すると認めるときは、市町村長にあっては都道府県知事、都道府県知事にあっては総務大臣に対し、審査を申立てることができる（自治法第176条第5項）。審査申立ての裁定に不服があるときは、議会または自治体の長は裁判所に出訴することができる（自治法第176条第7項）。

(3)　長の専決処分

　専決処分は、本来、議会の議決・決定すべき事件について自治体の長が単独で決定することをいう。自治体の長は、議会の議決がえられない場合の補充的手段として、単独で条例を制定することができる。自治体の長は、専決処分について、次の議会に報告し、その承認を求めなければならない（自治法第179条）。次の場合に専決処分することができる。

A．議会が成立しないとき
B．議長が出席催告などをしてもなお出席議員が半数に達しないとき
C．自治体の長において特に緊急を要するため議会を招集する時間的余裕がないことが明らかであると認めるとき
D．議会において議決すべき事件を議決しないとき。

Ⅵ　条例の制定手続

　なお、自治体の長は、議会の権限に属する簡易な事項で、その議決により特に指定したものについては専決処分をすることができる。この専決処分をしたときは議会に報告する（自治法第180条）。

4　議決結果の送付

　自治体議会の議長は、条例の制定または改廃の議決があったときは、その日から3日以内に、これを当該自治体の長に送付しなければならない（自治法第16条第1項）。

5　条例の公布・施行

(1)　条例の公布

　自治体の長は、条例の送付をうけた場合において、再議その他の措置を講ずる必要がないと認めるときは、その日から20日以内にこれを公布しなければならない（自治法第16条第2項）。公布は、成立した条例を市民が知りうる状態におくことで、施行の前提条件である。公布から施行までの期間を周知期間といい、公布の日から施行されるものを即日施行という。条例の公布に関し必要な事項は、条例で定められる（自治法第16条第4項）。条例の公布に関し必要な事項を定める条例を「公告式条例」というが、規則その他の規程で公表を要するものに準用されている。

(2)　条例の施行

　条例は、条例に特別の定めがあるものを除くほか、公布の日から起算して10日を経過した日から施行される（自治法第16条第3項）。通常、条例の施行期日については、特別の定めが設けられる。施行は、条例の規

定の効力を一般的に現実に発生させることである。

6　条例制定改廃の協議・報告

(1)　協議・報告

　市町村は、その名称を変更しようとするときは、条例で定めることになっているが、この場合にあらかじめ都道府県知事に協議し、条例を制定改廃したときは、ただちに都道府県知事に変更後の名称および変更日を報告しなければならない（自治法第3条第3項〜第5項）。

(2)　協　議

　都道府県は、都道府県知事の権限に属する事務の一部を条例の定めるところにより、市町村が処理することとすることができるが、この条例の制定・改廃をする場合には、都道府県知事は、あらかじめ、当該の市町村長に協議しなければならない（自治法第252条の17の2）。

(3)　報　告

　自治体は、条例を制定・改廃したときは、市町村にあっては都道府県知事、都道府県知事にあってはこれを総務大臣に報告しなければならない（自治法第252条の17の11）。

VII 条例の立案

1 条例立案の方式

　条例の形式・構成・表現方法を理解することは、立法の「決まりごと」を理解することであり、正確な法解釈を導くことにもなる。以下で述べる条例の形式や表現方法は、規則についてもほぼあてはまる。条例の立案には、制定、一部改正、全部改正および廃止の4つの方式がある。

(1) 条例の基本形式

① あらたに制定する場合
　条例の基本形式は、次図のとおりであるが、題名、本則および附則の3つの部分から成りたっている。

<条例の基本形式>

項　目	例
公布文	○○市○○○○条例をここに公布する。 　平成○年○月○日 　　　　　　　　　　　　○○市長　（氏名）
条例番号	○○市条例第○号
題　名	○○市○○○○条例
制定文	○○市○○○○条例を制定する。
目　次	第1章　○○（第1条～第○条） 第2章　○○（第○条～第○条） 第3章　○○（第○条・第○条） 附　則
本　則	
章　名	第1章○○
見出し	（○○）
条	第○条　○○○…。ただし、…については、この限りでない。
項	2　○○○……。
号	(1)　○○○ (2)　○○○
附　則	附　則 （施行期日） 1　この条例は、平成○年○月○日から施行する。

Ⅶ　条例の立案

<条例項目の内容>

項　目	内　容　・　留　意　点
公布文	条例を公布する旨の公布権者（自治体の長）の意思を表明する文章であり、条例の一部ではない。
条例番号	暦年により、1月から公布される順にしたがって一連番号でつける。
題名	わかり易い簡潔な表現、他の条例とまぎらわしい題名でないことなどに留意する。
制定文	通常おかないが、全部改正の場合などにその改正前の条例などを明らかにする場合におく。
目次	本則が多数の条文で構成されて章・節などに分けられている場合につける。
前文	重要な条例につき、その制定の由来・背景、基本理念などをつける場合がある。条例の一部になる。
本則	条例の本体をなす部分で、実質的内容が定められる。
章名	本則の条文数が多い場合には、ある程度まとまった内容をもつ条文をひとまとめにし、「章」に区分する。
見出し	条文の内容を簡潔に表現し、条文内容の理解と検索の便宜のためにつける。
条	異なる事項ごとに「条」に区分する。各条には、第1条から順に「第○条」というように条名をつける。
項	一つの条文の中で、2つ以上に区切りをつける必要がある場合に別行で「項」に区分する。第2項以下の文章の初めに「2」・「3」、…と順に算用数字をいれる（第1項にはいれない。）。
号	一つの条または項の中において、いくつかの事項を列記する必要がある場合に、「(1)」・「(2)」・「(3)」…というように括弧付き番号をつけて列記する。なお、縦書きの場合には、「一」・「二」・「三」というように漢数字をつかう。
附則	施行日、経過措置など本則の付随的な事項を定める。
表	条文の意味内容をわかり易くするために、表をつかう場合に簡単なものは条文中におくが、内容の複雑なもので1表だけであれば「別表（第○条関係）」とし、2表以上の場合には「別表第1（第○条関係）」「別表第2（第○条関係）」…として附則の後におく。表では、縦の区切りの方向を「項」、横の区切りの方向を「欄」とよぶ。
様式	条文で様式を定める場合に、様式が一つの場合には「別記様式（第○条関係）」として、二つ以上ある場合には「様式第1号（第○条関係）」「様式第2号（第△条関係）」…として附則の後におく。

② 一部改正の場合

　一部改正の方式は、「とけこみ方式」（改め方式）によっている。とけこみ方式は、一部改正の規定が元の条例の規定にとけ込むことによってあたらしい規範としての意味をもつ。この方式は、一般に解りにくいことから、この方式にかえて新旧対照方式を採用する自治体もでてきている。

<一部改正の基本形式（とけ込み方式）>

項　目	例
題　名	○○条例の一部を改正する条例
柱書き	○○条例（平成○年○月○日○○市条例第○号）の一部を次のように改正する。
改正内容	第○条を次のように改める。 (○○) 第○条　……………………。 　第○条中「…」を「…」に改め、「…」を削る。
附　則	附　則 　この条例は、公布の日から施行する。

<一部改正の基本形式（新旧対照方式）>

改正後	改正前
第○条　……△△……。	第○条　……○○……。

③ 全部改正の場合

全部改正の方式は、制定の方式とほぼ同じであるが、題名と本則第1条との間に制定文をつけて、全部改正であることを明らかにする。

<全部改正の場合の基本形式>

項　目	例
題　名	○○条例
制定文	○○条例（平成○年○月○日○○町条例第○号）の全部を改正する。
本　則	(○○) 第1条………。 2　………。
附　則	附　則 この条例は、公布の日から施行する。

④ 廃止する場合

既存の条例の廃止は、新制定の条例の附則でおこなわれることがおおいが、単独の条例によりおこなわれることもある。

<既存条例を廃止する場合>

項　目	例
題　名	○○条例を廃止する条例
本　則	○○条例（平成○年○月○日○○町条例第○号）は、廃止する。
附　則	附　則 この条例は、平成○年○月○日から施行する。

(2) 条例の規定事項

条例の規定事項は、総則規定、実体的規定、雑則（補則）、罰則および附則に分けられる。

<条例の規定事項>

事　項	内　　　容
総則的規定	
目的規定	通常、第１条に何を目的にして条例を制定するのかという立法目的を明らかにし、個々の条文の解釈指針をしめす。目的を二つ以上書く場合は、先に第一次的目的（直接目的）を書き、次に大目的（高次の目的）を書いて、その間に「もって」の用語をいれる。
趣旨規定	条例によっては、目的規定に代えて、趣旨規定を定めることがある。趣旨規定は、条例の内容を要約したものである。
定義規定	条例の中でつかわれている基礎的で重要な用語や一般の用法と異なる意味をもたせてつかう用語などについて、解釈上の疑義をなくすために定める。
略称規定	例えば、「法律又はこれに基づく政令により都道府県、市町村又は特別区が処理する……定めるもの（以下「第一号法定受託事務」という。）」（地方自治法第２条第９項第１号）のように、括弧書きの中で条文中の一定範囲の字句に略称を与える規定である。法令中で表現が繰り返しつかわれるのを避けて、法令を簡潔にするために定める。
その他	理念規定、解釈規定、責務規定などが定められることがある。
実体的規定	条例の本体的部分で、基本的な事項から派生的な事項へと順次、配列し、また、条例制定の目的から重要度に応じて配列する。
雑則（補則）	必要に応じて、実体的規定に付随する事項や手続的事項を内容とする雑則的（補足的）規定をおくことがある。実体的規定の全般にわたる事項であるが、総則的規定にするまでにはいたらないもので、例えば、手数料、報告の徴収、特定の審議会設置、権限の委任などに関して定める。
罰　則	条例に規定する義務違反があった場合に、その違反者に相当の罰が科せられることを予告する（予防的効果）とともに、現実にその違反が生じた場合には、その違反者にその予定される罰を科すること（制裁）を定める。
附　則	本則に対して付随的・経過的な事項（施行期日、既存の他の条例の廃止、経過措置、既存の他の条例等の改正、有効期限など）を定める。

2　条例案の作成

　従来の法制執務では、所管課・係が原案をつくり、それを法制（文書）担当が中央省庁などの監修・執筆による事務提要や手引書にもとづいて条文の形式や用語のつかい方などの形式的・技術的な審査を中心におこなってきた。だが、地方政府における自治立法は、十分な市民参加と職員参加のもとに、多様な立場からの多角的・多面的な内容面での検討を必要とする。また、自治体の事務については、自治体の長に専属する事項を除いて、規則や要綱ではなく、条例によることを原則にすべきである。さらに、国際化社会のもとでは、法の世界基準をしめす国際法も視野にいれた条例化が望まれることもある。このように、自治体法務の役割は一段と増大しており、これに伴い政策法務課の新設も不可欠になってきている。

Ⅶ　条例の立案

〈条例案の作成手順〉

```
立法目的
何のために条例をつくるのか、立法（条例化）の目的を明らかにする。
```
⇩
```
立法事実
なぜ条例が必要なのか、条例化の必要性を事実にもとづいて裏づける。
```
⇩
```
内容の検討
どのような内容を条例にもり込むか検討する。
（法律、条例、計画の検索→法的整合性の検討）
```
⇩
```
要綱（案）の作成
条例に盛りこむべき内容を簡潔に要綱（案）としてまとめる。
```
⇩
```
市民・関係者などの意見をきく
（パブリックコメントなど）
```
⇩
```
要綱の作成→条文化
要綱（案）を見直し、確定し、これにもとづいて条文化する。
```
⇩
```
解説書の作成
逐条解説書を作成する。
```

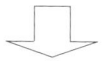

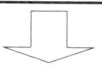

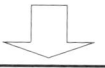

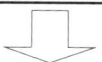

VII　条例の立案

(1)　資料・情報の収集

　条例案検討の準備作業として、制定しようとする条例に関連する資料・情報をひろく収集する。まず現地調査が基本となり、次に資料・情報として各種の調査・統計、政府関係機関の答申・報告、事例（新聞記事など）、専門家・研究者の意見（著書・論文など）、関係法令、判例などを収集する。また、先進自治体の視察・調査も不可欠である。

(2)　立法目的の確定

　何のために条例を制定するのか、その目的（立法目的）を明確にする必要がある。あわせて、他の方法（規則、要綱、計画、予算措置、ＰＲなど）によらず、条例でなければならない理由も明確にしておかなければならない。

(3)　立法事実の明確化

　条例化の必要性や合理性について、社会的背景にまでさかのぼって十分な説得力をもった裏づけをしておかなければならない。その必要性や合理性の裏づけとなる社会的・経済的・科学的な事実を「立法事実」という。立法事実は、調査・収集した資料・情報を徹底的に分析・検討し、その積みかさねによって明らかにしておく。立法目的と立法事実は、条例の制定・施行後の具体的な適用をめぐって訴訟を提起された場合の勝敗にもおおきく影響することになるので、訴訟になることも想定して勝訴に導けるだけの主張・立証をなしうるものとしておかなければならない（参照⇒薬事法違反事件判決・最高裁昭和50年4月30日大法廷判決）。

立法事実の例⇒保育所待機児、高齢者・子どもの虐待、たばこのポイ捨て、みどりの減少、放置自転車、駅頭での客引き・チラシ配布などの実態

(4) 要綱の作成

① 要綱案の作成
　条例の目的および立法事実の検討にもとづいて、どのような項目を条例にもり込むべきかを検討・整理して、項目ごとに内容を簡潔に記述した要綱案を作成する。
　この段階では、関係法令を洗いだし、それとの整合性を検討しなければならない。また、自治体計画との関係も整理しておかなければならない。

② 要綱の確定
　要綱案について、関係者・機関の意見などをきくとともに、市民生活にかかわりをもつものであれば、パブリックコメントにかけて、ひろく市民の意見を募り、修正をくわえて、最終的な要綱として確定する。

Ⅶ　条例の立案

(5)　条文化

　確定した要綱の各項目を正確・明瞭・平易な表現に留意して条文化し、条例の形式をととのえる。この段階では、立法技術について職人技ともいえる相当の熟練も必要とすることから、立法にたずさわる自治体職員の出番となる。だが、職員が従来型の法制執務に固執し、技術的側面を重視するあまり、一般の市民にわかりにくい条文であってはならない。一般の市民にわかり易い表現を心がけることが必要である（立法の平易化）。

(6)　解説書の作成

　条例案が確定・決定されたら、条例制定の背景・必要性や各条の意味・内容をわかり易く説明した解説書を作成することが望ましい。この解説書は、条例が議会で可決・成立したら、議会での修正や意見などをふまえて加筆・削除をおこない、冊子にして職員が活用するとともに、関係者に配布すべきであろう。

3　条例の表現

　条例の表現で留意すべき基本的なことをあげておく。

(1)　基本的態度

<u>第一　*正確な表現であること（正確性）*</u>
　条文の表現は、当該条例によってどのような政策をどのようにして実現しようとしているのかを正確に表現するものでなければならない。立法の意図を正確に表現し、また、解釈を混乱させるような表現をさけな

けらばならない。
第二　明瞭な表現であること（明瞭性）
　条文の表現は、一読して、意味内容をはっきりと理解できるものでなければならない。主語・述語の関係を明確にし、接続詞のつかい方も工夫することが必要である。
第三　平易な表現であること（平易性）
　条文の表現は、一般市民に理解できるようなわかり易いものでなければならない。技術に走りすぎて、わかり易すさがおろそかにされてはならない。「及び」「並びに」「又は」「若しくは」などについては、ひらがなで表示することもあってよい。

(2)　文　体

　文体は、原則として、口語体・ひらがな書きによる。また、「である」体での表現が一般的である。「です・ます」体は、表現をやわらげる効果があるが、解釈の幅がひろがりすぎたり、意味があいまいになることに注意しなければならない。

(3)　用　字

　用字とは、文章につかう文字および符号をいう。
①　漢字・仮名づかい・送り仮名
　漢字、仮名づかいおよび送り仮名については、原則として、「常用漢字表」（昭和56年内閣告示第1号）、「現代仮名遣い」（昭和61年内閣告示第1号）および「送り仮名のつけ方」（昭和48年内閣告示第2号、昭和56年内閣告示第2号）による。ただし、これらの告示は、法的な拘束力をもつものではない。

② 数字

横書きの場合には、算用数字（アラビア数字）をつかい、3けた区切りとし、区切りには「,」（コンマ）をつける。縦書きの場合には、原則として漢数字をつかう。

③ 符号

符号には、句点、読点、括弧などがある。

<主な符号>

符　号	使　い　方
句　点 「。」（まる）	文章の終わりにつけるが、名詞形で終わるときはつけない。ただし、「こと」または「とき」で終わる場合およびすぐ後に文章がつづく場合にはつける。
読　点 「、」（てん）	次のように文章の切れやつづきを明らかにするためにつかう。 A．主語の次には、必ずつける。 B．2つ以上の動詞、形容詞および副詞を並列するときはつける。 C．句と句を「かつ」で接続する場合その前後につける。 D．「この場合において」・「ただし」の次につける。
括　弧 丸括弧（） かぎ括弧「」	丸括弧は、条の見出し、引用する法律・条例などの題名の次に法律番号、条例番号などを表示する場合などにつかう。 かぎ括弧は、用語を定義する際にその用語をしめす場合や用語を略称する際にその略称をしめす場合などにつかう。

(4) 用　語

　用語とは、文字または文字の組み合わせによって表現される言葉で、文章につかわれるものをいう。

① 主語・述語

　主語は、一般に「は」で表現する。述語は、次のような表現が基本形となる。

<述語の基本形>

形　　　態	表　現　方　法
作為義務を課す場合	～しなければならない。　～するものとする。
不作為義務を課す場合	～してはならない。
権限・能力があることをあらわす場合	～することができる。
権限・能力がないことをあらわす場合	～することができない。

② 法令用語

法文に用いられる用語（法令用語）には、つかい方に一定の決まりがあり、また、独特の意味でつかわれているものもある。代表的な法令用語で主なつかい方をあげておく。

Ⅶ　条例の立案

<主な法令用語>

用　語	使　い　方
及び・並びに	ＡとＢとＣという語句に段階があるときは、大きな意味の連結には「並びに」（英語で「and」）、小さな意味の連結には「及び」にする（「地方公共団体の区域並びに地方公共団体の組織及び運営の大綱を定め」（自治法第1条）。
又は・若しくは	選択的に並列された語句に段階があるときは、大きな選択的連結には「又は」（英語で「or」）、小さな選択的連結には「若しくは」にする（「支庁若しくは地方事務所又は支所若しくは出張所」（自治法第155条第3項））。
かつ	「かつ」で結ばれた前後の言葉が密接不可分の場合につかう（「総合的かつ計画的な行政」（自治法第2条第4項）、「地方自治の本旨に基づき、かつ、国と地方公共団体との適切な役割分担」（自治法第2条第11項・第12項））。
その他・その他の	「その他」は、その前の部分と「その他」の後の部分とが並列的になっている場合に使用される（「その他法律又はこれに基づく政令（これらに基づく条例を含む。）により議会の権限に属する事項」（自治法第96条第1項第15号））。「その他の」は、その前に表示されている語句が例示で、「その他の」以下の部分にふくまれる場合に使用される（「選挙人その他の関係人」（自治法第100条第1項））。
から・より	「から」は「まで」と対になって始期・終期をしめす（「○月○日から○月○日まで」）。「より」は、比較を表わす場合に用いる（○○より○○が…）。
準用する・例による・適用する	「準用する」は、ある事項を規定しようとする場合に、類似する他の事項に関する規定に必要な変更をくわえたうえであてはめようとする場合に用いる。「例による」は、ある事項を規定しようとする場合に、他の事項に関する制度を包括的に借りてきて、その制度をあてはめるときに用いる。「準用」が個々の規定を借用するが、「例による」はある法制度をそっくり借用するという違いがある。「適用する」は、本来その規定が対象としている事項について、現実にあてはめて働かせる場合に用いる。

推定する・みなす	「推定する」は、法令で一応こうであろうという判断を下しているが、当事者が反対の証拠を提出して認められれば、その推定をくつがえすことができる（「……の場合には、甲が所有するものと推定する。」）。「みなす」は、事実とちがっているときでも、法令でそうだと認定してしまう場合につかわれる。反対の証拠を出しても、法令上は確定し、くつがえすことができない。
施行・適用	「施行」は、法の効力を一般的に生じさせことで、「適用」は、法の規定を個々具体的な場合において特定の人や特定の事項などに実際にあてはめて、その効力を現実に働かせることである。「適用」は、過去にさかのぼって効力を及ぼす場合にもつかわれる。
規定・規程	「規定」は、法の個々の条項をさし、「規程」は、一定の目的のために定められた一連の条項の総体をさす。
当該	「その」という意味で、英語の「the」に相当する。「当の」という意味でもつかわれる。
関する・係る	「関する」は、「…に関係がある」・「…についての」という意味であり、「係る」は、「…に関する」よりも直接的なつながりがある場合につかう。
その他	「ただし」「かつ」「かんがみ」はひらがなで書き、「講ずる」とする。

VIII 自治体争訟法務

1 自治体争訟とは

　自治体は、自治体法や国法の適用をめぐって、市民（団体・法人をふくむ）、他自治体、国などを相手方として紛争を生じさせることがある。特に、近年になり市民の納税者意識のたかまりもあって、自治体を一方当事者とする訴訟が一般化しているが、そのおおくが直接・間接に自治体政策のあり方を問うものである。したがって、自治体は、訴訟の場においても、自治体法の制定・適用および国法の解釈・運用の正当性・適法性を主体的・積極的に主張・立証していかなければならない。ところで、自治体を当事者とする争いには、司法上の手続によるものおよび行政上の手続によるものがあり、両者をあわせて自治体争訟とよぶことができる。自治体争訟は、次のような場面としてあらわれる。

　第一に、市民と自治体との間において、市民は、自治体の行政処分などに不服があれば、不服申立てをおこない、それに対して自治体は、審査と裁決・決定をする。自治体の裁決・決定に納得できない市民は、裁判所に訴えを起こすことができる。あるいは、市民は、自己の権利利益を侵害された場合には直接、損害賠償などを求めて、裁判所に訴えを起こすこともできるし、さらに、自己の権利利益が侵害されていない場合についても、納税者として、違法・不当な財務会計上の行為などについて住民監査請求をおこない、その結果に不服があれば住民訴訟を起すこともできる。なお、市民と自治体との間においては、行政手続法・行政手続条例にもとづく事前手続や個別法にもとづく苦情申立ても重要な手続である。

　第二に、自治紛争処理委員は、自治体または自治体の機関の間において、その相互間に紛争が生じた場合の調停にあたり、また、市町村に対

する都道府県の関与の不服審査にあたる。自治体の執行機関は、審査結果などに不服があるときは、裁判所に訴えを起こすことができる。

第三に、国地方係争処理委員会は、自治体と国との間において、国の関与に不服がある自治体からの申し出をうけ、審査、勧告や職権による調停などをおこなう。自治体の執行機関は、審査結果、勧告などに不服があるときは、裁判所に訴えを起こすことができる。

第四に、自治体は、市民、自治体または国を相手方として、損害賠償などの一般の民事訴訟を起こすこともできる。

<自治体争訟の体系>

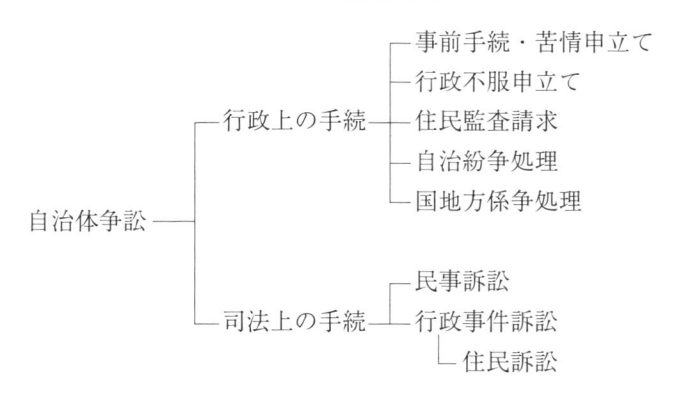

```
自治体争訟 ─┬─ 行政上の手続 ─┬─ 事前手続・苦情申立て
           │                ├─ 行政不服申立て
           │                ├─ 住民監査請求
           │                ├─ 自治紛争処理
           │                └─ 国地方係争処理
           │
           └─ 司法上の手続 ─┬─ 民事訴訟
                            ├─ 行政事件訴訟
                            └─ 住民訴訟
```

2　自治体争訟への対応

(1)　対応の基本

自治体は、市民の信託をうけて行政をおこなっているのであるから、その行政をめぐって不服申立てや訴訟が起こされた場合には、主体的に責任をもって対応していかなければならない。この場合の自治体の立場は、市民から政策責任を問われており、市民に対して説明責任をはたす

という姿勢が基本となる。

　まず、市民からの不服申立てについては、みずからがおこなった行政処分などを取り消し、または変更することには消極的になりがちである。だが、簡易・迅速な手続により市民の権利利益の保護をはかるという制度の趣旨と市民への説明責任をはたすという観点から、客観的で公正な判断がおこなわれるよう対応しなければならない。そのためには、審査および裁決・決定の部門と不服申立ての対象となる行政処分などをおこなう部門とを分離するなどの体制の整備が必要である。また、諮問型の第三者機関の設置も考えられる。

　また、訴訟においては、特に争点が政策にかかわるような場合には、自治体の政策責任が法的に問われることになるので、自治体は相応の体制で臨んでいかなければならない。

　自治体が訴訟の当事者になる場合には、通常、弁護士を訴訟代理人として、訴訟活動のほとんどを任せきりで、職員は、調査、証拠収集、打合せなどで脇役となっている。

　政策にかかわることや自治体の内部のことは、自治体職員が最も精通している。訴訟活動においても、政策の正当性・必要性や自治体内部の実際を自治体職員みずからが主張し、立証にかかわっていくことが望ましい。

(2)　指定代理人制度の活用

　自治体が訴訟の一方の当事者になった場合には、自治法第153条第1項の規定にもとづいて、自治体の長がその補助機関である職員に訴訟をおこなわせることができることになっている。これを指定代理人制度とよんでいる。指定代理人は、個別の事件ごとに自治体の長から指定される訴訟代理人で、当該事件について一切の裁判上の行為をする権限を有する。

ただし、裁判では、熟練した法廷技術を必要とする。そこで、弁護士は、主として専門的な訴訟技術面での役割を担うこととして、指定代理人と適切な役割分担をして、両者が共同して訴訟にあたっていくべきであろう。簡易な訴訟事件については、指定代理人だけで対応することも可能である。

　なお、実際に訴訟活動をおこなう指定代理人となる職員には、法律的な素養、調査・証拠の収集などにもとづく事実の解明、裁判所に主張を正確に理解させるだけの説得力・文章力なども求められる。

巻　末　資　料

資料1　地方自治法の改正（2000年4月1日施行）

＜追加された条文＞
第1条の2　地方公共団体は、住民の福祉の増進を図ることを基本として、地域における行政を自主的かつ総合的に実施する役割を広く担うものとする。
② 　国は、前項の規定の趣旨を達成するため、国においては国際社会における国家としての存立にかかわる事務、(中略)その他の国が本来果たすべき役割を重点的に担い、住民に身近な行政はできる限り地方公共団体にゆだねることを基本として、地方公共団体との間で適切に役割分担するとともに、地方公共団体に関する制度の策定及び施策の実施に当たって、地方公共団体の自主性及び自立性が十分に発揮されるようにしなければならない。
第2条
② 　普通地方公共団体は、地域における事務及びその他の事務で法律又はこれに基く政令により処理することとされているものを処理する。
③ 　市町村は、基礎的な地方公共団体として、第5項において都道府県が処理するものとされているものを除き、一般的に、前項の事務を処理するものとする。（ただし書略）
⑤ 　都道府県は、市町村を包括する広域の地方公共団体として、第2項の事務で、広域にわたるもの、市町村に関する連絡調整に関するもの及びその規模又は性質において一般の市町村が処理することが適当でないと認められるものを処理するものとする。
⑪ 　地方公共団体に関する法令の規定は、地方自治の本旨に基づき、かつ、国と地方公共団体との適切な役割分担を踏まえたものでなければならない。
⑫ 　地方公共団体に関する法令の規定は、地方自治の本旨に基づいて、かつ、国と地方公共団体との適切な役割分担を踏まえて、これを解釈し、及び運用するようにしなければならない。（後段略）
⑬ 　法律又はこれに基づく政令により地方公共団体が処理することとされている事務が自治事務である場合においては、国は、地方公共団体が地域の特性に応じて当該事務を処理することができるよう特に配慮しなければならない。
＜削除された条文＞
150条　普通地方公共団体の長が国の機関として処理する行政事務については、普通地方公共団体の長は、都道府県にあっては主務大臣、市町村にあっては

都道府県知事及び主務大臣の<u>指揮監督</u>を受ける。
第151条　都道府県知事は、その管理に属する<u>行政庁又は市町村長の権限に属する国又は都道府県の事務</u>につき、その処分が成規に違反し、又は権限を犯すと認めるときは、その<u>処分を取り消し</u>、又は<u>停止</u>することができる。（2項略）

注：下線は筆者。追加された条文のうち、第1条の2、第2条②③は政府間の補完性の原則を明らかにしている。

資料2　基礎自治体の区分

地方自治法		財務統計等		
区　分	成立要件	区　分		要　件
村	―	町村		―
町	都道府県条例で定める。	^^ ^^		地方自治法に同じ
市	人口5万（合併特例3万）以上で、中心市街地戸数が全戸数の6割以上等	都市	小都市	人口10万人未満
^^	^^	^^	中都市	人口10万人以上
特例市	人口20万以上	特例市		地方自治法に同じ
中核市	人口30万以上	中核市		地方自治法に同じ
指定都市	人口50万以上。実際上、100万程度（合併特例70万以上）	大都市		地方自治法に同じ
特別区	都の区（第281条）	特別区		地方自治法に同じ

巻末資料

資料3　主な自治体関係政策法

区　　分	法　　律
組織作用法	地方自治法、公職選挙法、地方教育行政の組織及び運営に関する法律、農業委員会等に関する法律、地方公務員法、消防組織法、地方公営企業法、地方独立行政法人法、水道法、下水道法、地方財政法、地方税法、国家賠償法、地方公共団体の財政健全化に関する法律
都市政策法	土地基本法、都市計画法、道路法、河川法、都市緑地法、都市公園法、景観法、建築基準法、公有地の拡大の推進に関する法律
環境政策法	環境基本法、廃棄物の処理及び清掃に関する法律、資源の有効な利用の促進に関する法律（リサイクル法）、特定家庭用機器再商品化法（家電リサイクル法）、地球温暖化対策の推進に関する法律、自然環境保全法
福祉保健政策法	社会福祉法、高齢社会対策基本法、少子化社会対策基本法、障害者基本法、生活保護法、老人福祉法、老人保健法、介護保険法、高齢者虐待の防止、高齢者の養護者に対する支援等に関する法律、高年齢者等の雇用の安定等に関する法律、高齢者・身体障害者等が円滑に利用できる特定建築物の建築の促進に関する法律、次世代育成支援対策推進法、児童福祉法、児童虐待の防止等に関する法律、母子及び寡婦福祉法、身体障害者福祉法、知的障害者福祉法、精神保健及び精神障害者福祉に関する法律、地域保健法、母子保健法、健康増進法、国民健康保険法
教育文化政策法	教育基本法、地方教育行政の組織及び運営に関する法律、学校教育法、社会教育法、私立学校法、図書館法、文化財保護法、男女共同参画社会基本法
危機管理政策法	災害対策基本法、消防組織法、警察法、自衛隊法、武力攻撃事態等における国民の保護のための措置に関する法律

資料4　徳島市公安条例事件判決要旨（最高裁昭和50年9月10日大法廷判決）

「普通公共団体の制定する条例が、国の法令に違反する場合には効力を有しないことは明らかであるが、条例が国の法令に違反するかどうかは、両者の対象事項と規定文言を対比するのみでなく、それぞれの趣旨、目的、内容及び効果を比較し、両者の間に矛盾抵触があるかどうかによってこれを決しなければならない。例えば、ある事項について国の法令中にこれを規律する明文の規定がない場合でも、当該法令全体からみて、右規定の欠如が特に当該事項についていかなる規制をも施すことなく放置すべきものとする趣旨であると解されるときは、これについて規律を設ける条例の規定は国の法令に違反することとなりうるし、逆に、特定事項についてこれを規律する国の法令と条例とが併存する場合でも、後者が前者とは別の目的に基づく規律を意図するものであり、その適用によって前者の規定の意図する目的と効果をなんら阻害することがないときや、両者が同一の目的に出たものであっても、国の法令が必ずしもその規定によって、全国的に一律に同一内容の規制を施す趣旨ではなく、それぞれの普通地方公共団体において、その地方の実情に応じて、別段の規制を施すことを容認する趣旨であると解されるときは、国の法令と条例との間にはなんらの矛盾抵触はなく、条例が国の法令に違反する問題は生じないのである。」

索　引

あ

委員会…52、53
委員会規則…18
委員会付託…52
一般法…12、27
委任命令…22
依命通達…25
上乗せ条例…42
上書き条例…43

か

会計検査院規則…23
外局規則…22
拡張解釈…38
課題…30、31
課題別計画…34
課題別総合条例…17
過料…47
官報…20、21
議長の裁決権…54
規律密度の高い法令…41、43
議決…53
行政刑罰…45、46、47
行政罰…45
議会会議規則…18
議会傍聴規則…18

機関委任事務…7、8
規則…18、22、23
基本構想…33
基本計画…34
基礎自治体…8、9
基本法…12、20、21
訓令…25
憲法…19、20
後法優先の原則…27
国法…18、19
国際法…28
告示…24
公表…48
公布…20、56
公告式条例…56
個人課題…30
公共課題…30
公共政策…30
個別条例…17
国法改革法務…14

さ

再議（長の拒否権）…54、55
最高裁判所規則…23
自治権…15、16
自治基本条例…17

自治解釈…37、39
自治事務…40
自治体争訟…74、75
指定代理人…76、77
施策…32
施行…20、56
執行命令…22
質疑・質問…53
指導要綱…26
条約…28、29
条例…16、17
条例の発案権…50、51
条例（準）法律説…45
条例の改正…61、62
実施計画…34
自主法…15
自治体法…15
事業…32
市民…10
社会規範…12
縮小解釈…38
省令…22
条約…28、29
信託（説）…9、10、16
審議・審査…53
新旧対照方式…61
政府…7、9
政府課題…30

政府政策…30
政策法…12
政策…30、32
政策の三層構造…32
政治・行政…9、10
政令…22
専決処分…55
総合計画…33

た

代執行…48
長期総合計画…33
長制定規則…18
通則法…20、21
通達…25
討論・表決（採決）…53
特別区…8、9
特別法…27
徳島市公安条例事件判決…42
特別多数決…54
特別法優先の原則…27
独立命令…22
とけ込み方式…61

な

内閣府令…22
2000年分権改革…7、8

は

パブリックコメント…50、65、67
反対解釈…38
非政府課題…30
文理解釈…37
附帯決議…54
附則…63
弁明の機会…47
補完性の原則…11
法規…13
法規創造力…13
法定受託事務…40、41
法治主義…12
法の支配…12
法解釈…36
法の形式的効力…26、27
法の実質的効力…27
法律…20、21
法令…19
法令・条例情報…24
法令用語…71、72
法律による行政の原理…13
法律の留保…13
本則…58、59、60
本会議…52、53

ま

問題…30、31

目

目的論的解釈…38
目的規定…38、63
勿論解釈…38
命令（行政立法）…21、22、23

や

要綱…26、67
横だし条例…42
予算を伴う条例案…52

ら

類推解釈…38
両議院規則…23
論理解釈…37
立法事実…65、66
立法目的…65、66
立法の平易化…68

【著者紹介】

加藤　良重（かとう　よししげ）
1940年山梨県生まれ。1964年明治大学法学部卒業、同年東京・小金井市役所に入職し、教育・総務・人事・企画・納税・高齢福祉の各部門をへて福祉保健部長を最後に2001年3月定年退職。退職直後から2006年3月まで東京都市町村職員研修所特別講師。
現職：法政大学法学部（福祉政策）・現代福祉学部（社会福祉法制・福祉行財政論）、拓殖大学政経学部（地方自治法）、国際基督教大学（地方自治論）の各非常勤講師など
著書：『新版自治体福祉政策－計画・法務・財務－』（2007年・公人の友社）、『「政策財務」の考え方』（2006年・公人の友社）、『政策法務の基礎』（2004年・公人の友社）、『自治体政策と訴訟法務』（2007年・共編著・学陽書房）、『政策法務と自治体』（1989年・共編著・日本評論社）など

地方自治ジャーナルブックレット No.47
―市民・自治体職員のための基本テキスト―
地方政府と政策法務

2008年4月4日　初版発行　　　定価（本体１２００円＋税）

　　　著　者　　加藤　良重
　　　発行人　　武内　英晴
　　　発行所　　公人の友社
　　　　〒112-0002　東京都文京区小石川５－２６－８
　　　　ＴＥＬ０３－３８１１－５７０１
　　　　Ｅメール　koujin@alpha.ocn.ne.jp
　　　　http://www.e-asu.com/koujin/

自治体再構築

松下圭一（法政大学名誉教授）　定価 2,800 円

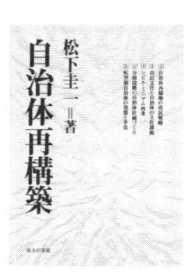

- ●官治・集権から自治・分権への転型期にたつ日本は、政治・経済・文化そして軍事の分権化・国際化という今日の普遍課題を解決しないかぎり、閉鎖性をもった中進国状況のまま、財政破綻、さらに「高齢化」「人口減」とあいまって、自治・分権を成熟させる開放型の先進国状況に飛躍できず、衰退していくであろう。
- ●この転型期における「自治体改革」としての〈自治体再構築〉をめぐる 2000 年～ 2004 年までの講演ブックレットの総集版。

1　自治体再構築の市民戦略
2　市民文化と自治体の文化戦略
3　シビル・ミニマム再考
4　分権段階の自治体計画づくり
5　転型期自治体の発想と手法

社会教育の終焉 [新版]

松下圭一（法政大学名誉教授）　定価 2,625 円

- ●86年の出版時に社会教育関係者に厳しい衝撃を与えた幻の名著の復刻・新版。
- ●日本の市民には、〈市民自治〉を起点に分権化・国際化をめぐり、政治・行政、経済・財政ついで文化・理論を官治・集権型から自治・分権型への再構築をなしえるか、が今日あらためて問われている。

序章　日本型教育発想
Ⅰ　公民館をどう考えるか
Ⅱ　社会教育行政の位置
Ⅲ　社会教育行政の問題性
Ⅳ　自由な市民文化活動
終章　市民文化の形成　　あとがき　　新版付記

自治・議会基本条例論　自治体運営の先端を拓く

神原　勝（北海学園大学教授・北海道大学名誉教授）　定価 2,625 円

生ける基本条例で「自律自治体」を創る。その理論と方法を詳細に説き明かす。7 年の試行を経て、いま自治体基本条例は第 2 ステージに進化。めざす理想型、総合自治基本条例＝基本条例＋関連条例

プロローグ
Ⅰ　自治の経験と基本条例の展望
Ⅱ　自治基本条例の理論と方法
Ⅲ　議会基本条例の意義と展望
エピローグ
条例集
1　ニセコ町まちづくり基本条例
2　多治見市市政基本条例
3　栗山町議会基本条例

No.7 自治体再構築における行政組織と職員の将来像
今井照　1,100円

No.8 持続可能な地域社会のデザイン
植田和弘　1,000円

No.9 政策財務の考え方
加藤良重　1,000円

No.10 市場化テストをいかに導入するべきか　～市民と行政
竹下譲　1,000円

No.5 政策法務がゆく
北村喜宣　1,000円

朝日カルチャーセンター
地方自治講座ブックレット

No.1 自治体経営と政策評価
山本清　1,000円

No.2 ガバメント・ガバナンスと行政評価システム
星野芳昭　1,000円

No.4 政策法務は地方自治の柱づくり
辻山幸宣　1,000円

政策・法務基礎シリーズ
——東京都市町村職員研修所編

No.1 これだけは知っておきたい
自治立法の基礎
600円　[品切れ]

No.2 これだけは知っておきたい
政策法務の基礎
800円

都市政策フォーラム
ブックレット
（首都大学東京・都市教養学部　都市政策コース　企画）

No.1 「新しい公共」と新たな支え合いの創造へ——多摩市の挑戦——
首都大学東京・都市政策コース
900円

No.2 景観形成とまちづくり
——「国立市」を事例として——
首都大学東京・都市政策コース
1,000円

シリーズ「生存科学」
（東京農工大学生存科学研究拠点　企画・編集）

No.2 再生可能エネルギーで地域がかがやく
——地産地消型エネルギー技術——
秋澤淳・長坂研・堀尾正靱・小林久著
1,100円

No.4 地域の生存と社会的企業
——イギリスと日本とのひかくをとおして——
柏雅之・白石克孝・重藤さわ子
1,200円

No.5 地域の生存と農業知財
澁澤栄／福井隆／正林真之
1,000円

No.6 風の人・土の人
——地域の生存とNPO——
千賀裕太郎・白石克孝・柏雅之・福井隆・飯島博・曽根原久司・関原剛
1,400円

No.20 あなたのまちの学級編成と地方分権
田嶋義介 1,200円

No.21 自治体も倒産する
加藤良重 1,000円

No.22 ボランティア活動の進展と自治体の役割
山梨学院大学行政研究センター 1,200円

No.23 新版・2時間で学べる「介護保険」
加藤良重 800円

No.24 男女平等社会の実現と自治体の役割
山梨学院大学行政研究センター 1,200円

No.25 市民がつくる東京の環境・公害条例
市民案をつくる会 1,200円

No.26 東京都の「外形標準課税」はなぜ正当なのか
青木宗明・神田誠司 1,000円

No.27 少子高齢化社会における福祉のあり方
山梨学院大学行政研究センター 1,200円

No.28 財政再建団体
橋本行史 1,000円 [品切れ]

No.29 地方分権
山梨学院大学行政研究センター 1,200円

No.30 交付税の解体と再編成
高寄昇三 1,000円

No.31 町村議会の活性化
山梨学院大学行政研究センター 1,200円

No.32 地方分権と法定外税
外川伸一 800円

No.33 東京都銀行税判決と課税自主権
高寄昇三 1,000円

No.34 都市型社会と防衛論争
松下圭一 900円

No.35 中心市街地の活性化に向けて
山梨学院大学行政研究センター 1,200円

No.36 自治体企業会計導入の戦略
高寄昇三 1,100円

No.37 行政基本条例の理論と実際
神原勝・佐藤克廣・辻道雅宣 1,100円

No.38 まちづくりの新たな潮流
山梨学院大学行政研究センター 1,200円

No.39 ディスカッション・三重の改革
中村征之・大森彌 1,200円

No.40 政務調査費
宮沢昭夫 1,200円

No.41 市民自治の制度開発の課題
山梨学院大学行政研究センター 1,100円

No.42 《改訂版》自治体破たん・「夕張ショック」の本質
橋本行史 1,200円

No.43 分権改革と政治改革～自分史として
西尾勝 1,200円

No.44 自治体人材育成の着眼点
浦野秀一・井澤壽美子・野田邦弘・西村浩三・三関浩司・杉谷知也・坂口正治・田中富雄 1,200円

No.45 障害年金と人権
—代替的紛争解決制度と大学・専門集団の役割—
橋本宏子・森田明・湯浅和恵・池原毅和・青木久馬・澤静子・佐々木久美子 1,400円

No.46 地方財政健全化法で財政破綻は阻止できるか
高寄昇三 1,200円

No.47 地方政府と政策法務
—市民・自治体職員のための基本テキスト—
加藤良重 1,200円

TAJIMI CITY ブックレット

No.2 転型期の自治体計画づくり
松下圭一 1,000円

No.3 これからの行政活動と財政
西尾勝 1,000円

No.4 構造改革時代の手続的公正と第2次分権改革
手続的公正の心理学から
鈴木庸夫 1,000円

No.5 自治基本条例はなぜ必要か
辻山幸宣 1,000円 [品切れ]

No.6 自治のかたち法務のすがた
政策法務の構造と考え方
天野巡一 1,100円

《平成16年度》

No.100 自治体再構築の市民戦略
松下圭一 900円

No.101 維持可能な社会と自治
～『公害』から『地球環境』へ
宮本憲一 900円

No.102 道州制の論点と北海道
佐藤克廣 1,000円

No.103 自治体基本条例の理論と方法
神原勝 1,100円

No.104 働き方で地域を変える
～フィンランド福祉国家の取り組み
山田眞知子 800円

《平成17年度》

No.107 公共をめぐる攻防
～市民的公共性を考える
樽見弘紀 600円

No.108 三位一体改革と自治体財政
岡本全勝・山本邦彦・北良治・逢坂誠二・川村喜芳 1,000円

No.109 連合自治の可能性を求めて
サマーセミナー in 奈井江
松岡市郎・堀則文・三本英司・佐藤克廣・砂川敏文・北良治 他 1,000円

No.110 「市町村合併」の次は「道州制」か
高橋彦芳・北良治・脇紀美夫・碓井直樹・森啓 1,000円

No.111 コミュニティビジネスと建設帰農
松本懿・佐藤吉彦・橋場利夫・山北博明・飯野政一・神原勝 1,000円

《平成18年度》

No.112 「小さな政府」論とはなにか
牧野富夫 700円

No.113 パブリックアート入門
竹田直樹 1,200円

No.114 栗山町発・議会基本条例
橋場利幸・神原勝 1,200円

No.9 北海道の先進事例に学ぶ
宮谷内留雄・安斎保・見野全・藤克廣・神原勝 1,000円

No.115 地方分権改革のみちすじ
—自由度の拡大と所掌事務の拡大—
西尾勝 1,200円

地方自治ジャーナルブックレット

No.2 政策課題研究の研修マニュアル
首都圏政策研究・研修研究会 1,359円 [品切れ]

No.3 使い捨ての熱帯林
熱帯雨林保護法律家リーグ 971円

No.4 自治体職員世直し志士論
村瀬誠 971円

No.5 行政と企業は文化支援で何ができるか
日本文化行政研究会 1,166円

No.7 パブリックアート入門
竹田直樹 1,166円 [品切れ]

No.8 市民的公共と自治
今井照 1,166円 [品切れ]

No.9 ボランティアを始める前に
佐野章二 777円

No.10 自治体職員の能力
自治体職員能力研究会 971円

No.11 パブリックアートは幸せか
山岡義典 1,166円

No.12 市民がになう自治体公務
パートタイム公務員論研究会 1,359円

No.13 行政改革を考える
山梨学院大学行政研究センター 1,166円

No.14 上流文化圏からの挑戦
山梨学院大学行政研究センター 1,166円

No.15 市民自治と直接民主制
高寄昇三 951円

No.16 議会と議員立法
上田章・五十嵐敬喜 1,600円

No.17 分権段階の自治体と政策法務
松下圭一他 1,456円

No.18 地方分権と補助金改革
高寄昇三 1,200円

No.19 分権化時代の広域行政
山梨学院大学行政研究センター 1,200円

No.56 財政運営と公会計制度
宮脇淳　1,100円

No.57 自治体職員の意識改革を如何にして進めるか
林嘉男　1,000円 [品切れ]

《平成12年度》

No.59 環境自治体とISO
畠山武道　700円

No.60 転型期自治体の発想と手法
松下圭一　900円

No.61 分権の可能性 スコットランドと北海道
山口二郎　600円

No.62 機能重視型政策の分析過程と財務情報
宮脇淳　800円

No.63 自治体の広域連携
佐藤克廣　900円

No.64 分権時代における地域経営
見野全　700円

No.65 町村合併は住民自治の区域の変更である。
森啓　800円

No.66 自治体学のすすめ
田村明　900円

No.67 市民・行政・議会のパートナーシップを目指して
松山哲男　700円

No.69 新地方自治法と自治体の自立
井川博　900円

No.70 分権型社会の地方財政
神野直彦　1,000円

No.71 自然と共生した町づくり 宮崎県・綾町
森山喜代香　700円

No.72 情報共有と自治体改革 ニセコ町からの報告
片山健也　1,000円

《平成13年度》

No.73 地域民主主義の活性化と自治体改革
山口二郎　600円

No.74 分権は市民への権限委譲
上原公子　1,000円

No.75 今、なぜ合併か
瀬戸亀男　800円

No.76 市町村合併をめぐる状況分析
小西砂千夫　800円

No.78 ポスト公共事業社会と自治体政策
五十嵐敬喜　800円

No.80 自治体人事政策の改革
森啓　800円

《平成14年度》

No.82 地域通貨と地域自治
西部忠　900円

No.83 北海道経済の戦略と戦術
宮脇淳　800円

No.84 地域おこしを考える視点
矢作弘　700円

No.87 北海道行政基本条例論
神原勝　1,100円

No.90 「協働」の思想と体制
森啓　800円

No.91 協働のまちづくり 三鷹市の様々な取組みから
秋元政三　700円

《平成15年度》

No.92 シビル・ミニマム再考 ベンチマークとマニフェスト
松下圭一　900円

No.93 市町村合併の財政論
高木健二　800円

No.95 市町村行政改革の方向性 ～ガバナンスとNPMのあいだ
佐藤克廣　800円

No.96 創造都市と日本社会の再生
佐々木雅幸　800円

No.97 地方政治の活性化と地域政策
山口二郎　800円

No.98 多治見市の政策策定と政策実行
西寺雅也　800円

No.99 自治体の政策形成力
森啓　700円

No.18 行政の文化化　森啓［品切れ］

No.19 政策法学と条例　阿倍泰隆［品切れ］

No.20 政策法務と自治体　岡田行雄［品切れ］

No.21 分権時代の自治体経営　北良治・佐藤克廣・大久保尚孝［品切れ］

No.22 地方分権推進委員会勧告とこれからの地方自治　西尾勝　500円

No.23 産業廃棄物と法　畠山武道［品切れ］

No.25 自治体の施策原価と事業別予算　小口進一　600円

No.26 地方分権と地方財政　横山純一［品切れ］

《平成10年度》

No.27 比較してみる地方自治　田口晃・山口二郎［品切れ］

No.28 議会改革とまちづくり　森啓　400円

No.29 自治の課題とこれから　逢坂誠二［品切れ］

No.30 内発的発展による地域産業の振興　保母武彦［品切れ］

No.31 地域の産業をどう育てるか　金井一頼　600円

No.32 金融改革と地方自治体　宮脇淳　600円

No.33 ローカルデモクラシーの統治能力　山口二郎　400円

No.34 政策立案過程への「戦略計画」手法の導入　佐藤克廣［品切れ］

No.35 98サマーセミナーから「変革の時」の自治を考える［品切れ］

No.36 地方自治のシステム改革　辻山幸宣［品切れ］

《平成11年度》

No.37 分権時代の政策法務　礒崎初仁［品切れ］

No.38 地方分権と法解釈の自治　兼子仁［品切れ］

No.39 市民的自治思想の基礎　今井弘道　500円

No.40 自治基本条例への展望　辻道雅宣［品切れ］

No.41 少子高齢社会と自治体の福祉法務　加藤良重　400円

No.42 改革の主体は現場にあり　山田孝夫　900円

No.43 自治と分権の政治学　鳴海正泰　1,100円

No.44 公共政策と住民参加　宮本憲一　1,100円

No.45 農業を基軸としたまちづくり　小林康雄　800円

No.46 これからの北海道農業とまちづくり　篠田久雄　800円

No.47 自治の中に自治を求めて　佐藤守　1,000円

No.48 介護保険は何を変えるのか　池田省三　1,100円

No.49 介護保険と広域連合　大西幸雄　1,000円

No.50 自治体職員の政策水準　森啓　1,100円

No.51 分権型社会と条例づくり　篠原一　1,000円

No.52 自治体における政策評価の課題　佐藤克廣　1,000円

No.53 小さな町の議員と自治体　室崎正之　900円

No.54 地方自治を実現するために法が果たすべきこと　木佐茂男［未刊］

No.55 改正地方自治法とアカウンタビリティ　鈴木庸夫　1,200円

地域ガバナンスシステム・パートナーシップシリーズ

龍谷大学地域人材・公共政策開発システム オープン・リサーチ・センター企画・編集

No.1 地域人材を育てる自治体研修改革
土山希美枝 900円

No.2 公共政策教育と認証評価システム—日米の現状と課題—
坂本勝 編著 1,100円

No.3 暮らしに根ざした心地良いまち
野呂昭彦・逢坂誠二・関原剛・吉本哲郎・白石克孝・堀尾正靫 1,100円

No.4 持続可能な都市自治体づくりのためのガイドブック
「オルボー憲章」「オルボー誓約」翻訳所収
白石克孝・レクレイ日本事務所編 1,100円

No.5 英国における地域戦略パートナーシップへの挑戦
白石克孝編・的場信敬監訳 900円

No.6 マーケットと地域をつなぐ
白石克孝編・園田正彦著 1,000円

No.7 政府・地方自治体と市民社会の戦略的連携—英国コンパクトにみる先駆性—
的場信敬編著 1,000円

No.8 財政縮小時代の人材戦略
多治見モデル
大矢野修編著 1,400円

No.9 行政学修士教育と人材育成—米中の現状と課題—
坂本勝著 1,100円

No.10 アメリカ公共政策大学院の認証評価システムと評価基準—NASPAAのアクレディテーションの検証を通して—
早田幸政著 1,200円

地方自治土曜講座ブックレット

《平成7年度》

No.1 現代自治の条件と課題
神原勝 [品切れ]

No.2 自治体の政策研究
森啓 600円

No.3 現代政治と地方分権
山口二郎 [品切れ]

No.4 行政手続と市民参加
畠山武道 [品切れ]

No.5 成熟型社会の地方自治像
間島正秀 [品切れ]

No.6 自治体法務とは何か
木佐茂男 [品切れ]

No.7 自治と参加 アメリカの事例から
佐藤克廣 [品切れ]

No.8 政策開発の現場から
小林勝彦・大石和也・川村喜芳 [品切れ]

《平成8年度》

No.9 まちづくり・国づくり
五十嵐広三・西尾六七 [品切れ]

No.10 自治体デモクラシーと政策形成
山口二郎 [品切れ]

No.11 自治体理論とは何か
森啓 [品切れ]

No.12 池田サマーセミナーから
間島正秀・福士明・田口晃 [品切れ]

No.13 憲法と地方自治
中村睦男・佐藤克廣 [品切れ]

No.14 まちづくりの現場から
斎藤外一・宮嶋望 [品切れ]

No.15 環境問題と当事者
畠山武道・相内俊一 [品切れ]

No.16 情報化時代とまちづくり
千葉純一・笹谷幸一 [品切れ]

No.17 市民自治の制度開発
神原勝

《平成9年度》

北海道自治研ブックレット

No.1 市民・自治体・政治 再論・人間型としての市民
松下圭一 1,200円

「官治・集権」から
「自治・分権」へ

市民・自治体職員・研究者のための
自治・分権テキスト

《出版図書目録》

公人の友社

112-0002　東京都文京区小石川 5 − 26 − 8
TEL　03-3811-5701
FAX　03-3811-5795
メールアドレス　koujin@alpha.ocn.ne.jp

●ご注文はお近くの書店へ
　小社の本は店頭にない場合でも、注文すると取り寄せてくれます。
　書店さんに「公人の友社の『○○○○』をとりよせてください」とお申し込み下さい。5日おそくとも10日以内にお手元に届きます。
●直接ご注文の場合は
　　電話・FAX・メールでお申し込み下さい。（送料は実費）
　　　TEL　03-3811-5701　　FAX　03-3811-5795
　　　メールアドレス　koujin@alpha.ocn.ne.jp
　　　　　　　　　　　　　　（価格は、本体表示、消費税別）